Chios, Lesbos und Samos

Joachim Chwaszcza

Joachim Chwaszcza
studierte Politikwissenschaften in München und arbeitet seit mehr als 15 Jahren als freiberuflicher Journalist und Fotograf. Bücher sind von ihm unter anderem über Jemen, Sardinien, Südtirol und Nepal erschienen. Außerdem führt er Expeditions- und Studienreisen durch. Joachim Chwaszcza lebt in München.

67 Plomári	106 **Samos zu Fuß:** Von Voutsalakía zum Kloster Evangelístrias
69 Polichnítos	107 **Samos zu Fuß:** Von Platanakía nach Kokkári
69 Skópelos	
69 Thermí	
70 Varía	
70 Vaterá	
72 **Sámos**	
73 Karlovássi	

Wichtige Informationen

- 72 **Sámos**
- 73 Karlovássi
- 77 **Ziele in der Umgebung**
- 77 Bergdörfer
- 77 Buchten der Robben
- 77 Golf von Marathokámpos
- 78 Kámpos und Voutsalakía
- 79 Marathokámpos und Órmos Marathokámpos
- 80 **Pythagório**
- 85 **Ziele in der Umgebung**
- 85 Megális Panagías
- 85 Mytilíni
- 85 Timíou Stávrou
- 86 **Vathy/Samos-Stadt**
- 90 **Ziele in der Umgebung**
- 90 Agía Zóni und Ágios Zoodóchos Pigí
- 90 Kokkári
- 91 Posidónio
- 91 Vourliótes, Manolátes und das »Nachtigallental« Valeondádes

- 108 **Chios, Lesbos und Samos von A–Z**
- 108 Auskunft
- 108 Camping
- 108 Diplomatische Vertretungen
- 109 Eintritt
- 109 Feiertage
- 110 Fernsehen
- 110 Fotografieren
- 110 FKK
- 111 Geld
- 111 Kleidung
- 111 Medizinische Versorgung
- 112 Notruf
- 112 Post
- 112 Reisedokumente
- 112 Reisezeit
- 112 Religion
- 114 Strom
- 114 Telefonieren
- 114 Tiere
- 114 Trinkgeld
- 114 Wirtschaft
- 115 Zeitungen
- 115 Zeitverschiebung
- 115 Zoll
- 116 **Geschichte auf einen Blick**
- 118 **Sprachführer**
- 122 **Eßdolmetscher**
- 124 **Register**
- 128 **Impressum**

Routen und Touren

- 92 **Chios mit dem Auto:** Drei Tagesfahrten
- 94 **Chios zu Fuß:** Rund um das Kloster Néa Moní
- 96 **Lesbos mit dem Auto:** Inselrundfahrt
- 98 **Lesbos mit dem Fahrrad:** Auf den Olympos
- 99 **Lesbos zu Fuß:** Trekkingtour von Vaterá über den Olympos und nach Plomári
- 101 **Lesbos zu Fuß und per Boot:** Ausflug nach Skála Sykaminías
- 102 **Samos mit dem Auto:** Rund um den Kérkis
- 104 **Samos mit dem Auto:** Rundfahrt durch den Inselosten
- 105 **Samos per Boot und zu Fuß:** Von Karlovássi zu den Teufelsbuchten

✧ Karten und Pläne

Chios .... Klappe vorne
Lesbos .... Klappe hinten
Chios, Lesbos und Samos ....
.... Umschlag Rückseite
Chios-Stadt 37
Mytilíni 63
Samos 75

Drei Inseln stellen sich vor

Seit Jahrtausenden werden die drei Inseln als Brückenpfeiler zwischen Ost und West angesehen – so unterschiedlich sie auch sind.

Ein bißchen Unrecht tut man den drei klassischen Inseln in der Ost-Ägäis schon, wenn man sie immer in einem Atemzug nennt. Natürlich bilden Chios, Lesbos und Samos eine Art Einheit, gleichzeitig hat aber jede ihren besonderen Charakter, dem genügend Raum gebührt.

Gemeinsam ist ihnen die Lage vor der kleinasiatischen Küste. Lesbos, die nördlichste Insel, ist an ihrer engsten Stelle knapp neun Kilometer vom Festland entfernt; Chios, die mittlere, trennen nur rund sieben Kilometer von der türkischen Küste, und in Samos meint man, das 1300 Meter entfernte türkische Kap Mykale mit einem Steinwurf erreichen zu können.

Zusammengerechnet umfassen die drei Inseln eine Gesamtfläche von 2948 Quadratkilometern (Lesbos 1630, Chios 842, Samos 476 Quadratkilometer), auf der rund 164 000 Menschen leben. In den Sommermonaten vervielfacht sich die Zahl der Inselbewohner. Trotz des (Massen-) Tourismus haben die Inseln jedoch ihren Charakter und Lebensrhythmus beibehalten. Zwar findet man, wie rund um das Mittelmeer, auch auf Chios, Lesbos

Kaikis, die traditionellen griechischen Fischerboote, sind für Touristen ein malerischer Anblick – für ihre Besitzer gehören sie zu einem ganz und gar unromantischen Alltag.

und Samos die typischen Ballungszentren sommerlicher Badefreuden, aber oftmals nimmt nur wenige Kilometer entfernt vom hektischen Trubel der ohnehin bescheidenen Strandpromenaden das geruhsame griechische Inselleben seinen Lauf. Männer, die sich in ihrem Kafeníon treffen, Popen, die in ihren schwarzen Gewändern und mit rauschendem Bart durch den Klostergarten wandeln, oder Fischer, die an der Hafenmole ihre Netze flicken.

Geschichte und Geschichten

Chios hat unterschiedliche Gesichter. Gebirgig, karg und wenig einladend präsentiert sich der Norden. Im üppigen Süden eröffnet sich eine abwechslungsreiche Insellandschaft mit malerischen Kirchen und Klöstern, mittelalterlichen Dörfern und den Plantagen der Mastix-Bäume. Der Export dieses Baumharzes war neben dem berühmten Wein schon in der Antike eine wichtige Einnahmequelle der Insel. Ihre Hauptstadt Chios/Chóra ist heute eine lebhafte Inselmetropole, in der rund 25 000 Einwohner leben.

Leider läßt das heutige Städtebild den früheren Wohlstand kaum noch erahnen. Durch Handel stiegen die Chioten zu einem der reichsten Inselvölker innerhalb der griechischen Staaten auf, so daß in der Stadt Chios im 6. Jahrhundert v. Chr. mehr als 80 000 Menschen lebten. Auch in den späteren Jahrhunderten, in denen Kreuzritter, Venezianer, Genueser und schließlich Os-

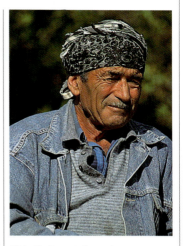

Viele Fischer verdienen heute ihr Geld als »Taxi«-fahrer zu Wasser – oft zusätzlich zum eigentlichen Broterwerb, denn der Berufsstand der Fischer ist selten wohlhabend.

manen die Insel beherrschten, konnten die Chioten dank ihrer herausragenden wirtschaftlichen Position weitgehend ihre Freiheit behalten. Erst als am 11. April 1822 der türkische Sultan den gemeinsamen Aufstand der Chioten und Samoiten niederschlagen ließ, mehr als 50 000 Chioten starben und über 40 000 in die Sklaverei geschickt wurden, verlor die Insel Selbständigkeit und Macht.

Vornehmlich als Seeleute verdingten sich in den folgenden Jahrzehnten viele der auf nur 15 000 Überlebende reduzierten Inselbewohner, schafften aber auch den Sprung zum großen Geld: Zahlreiche griechische Ree-

Drei Inseln stellen sich vor

der kommen aus Chios, 40 Prozent der griechischen Welthandelsflotte sollen in chiotischer Hand sein!

Lesbos ist nach Kreta und Euböa die drittgrößte griechische Insel. Die ältesten Siedlungshinweise gehen bis in das 4. Jahrtausend v. Chr. zurück. Thessalische Stämme, die von dorischen Einwanderern ab dem 3. Jahrtausend v. Chr. vom griechischen Festland vertrieben wurden, zogen sich auf die Inseln zurück und gründeten um 1100 v. Chr. eine Reihe von Siedlungen, zu denen auch Mytilíni und Molyvos gehörten. Mit dem Beginn der Antike war Lesbos ein Zentrum kultureller Leistungen, die Dichterin Sappho und ihr Zeitgenosse Alkaios schrieben hier Weltliteratur. Und auch die aus dem 2. oder 3. Jahrhundert v. Chr. stammende Liebesgeschichte von Daphnis und Chloe, die mit Hilfe des Hirtengottes Pan so manches Abenteuer überstehen müssen, spielt auf der Insel. Ausgedehnte Olivenhaine haben den Osten der Insel zu einem mediterranen Paradies werden lassen, die mit Kiefern bestandenen Hänge des Olympos (968 Meter) und die sanftgeschwungenen Hänge des Lepétimnos (ebenfalls 968 Meter) animieren noch heute zum Schreiben bukolischer Liebesgeschichten.

»Wilde« Schönheit

Karstig, schroff und steinig dagegen ist der Westen der Insel, dessen wilde Schönheit aber auch ihren eigenen Reiz besitzt. Auf 370 Kilometern Küste – einschließlich der beiden großen Einbuchtungen von Mytilíni und Kalloní – liegen Traumstrände und verschwiegene Buchten. Wirtschaft-

Elf Millionen Olivenbäume sind Lesbos' wirtschaftlicher Trumpf – eine ideale Ergänzung zum Saisongeschäft Tourismus.

DREI INSELN STELLEN SICH VOR

lich sind vor allem die mehr als elf Millionen Olivenbäume das Rückgrat der Insel, die Lesbos zum zweitgrößten griechischen Ölproduzenten machten. Mit Mytilíni, wo heute fast 30 000 Menschen leben, besitzt Lesbos fast eine Großstadt.

Samos ist die kleinste und östlichste der drei Inseln und seit jeher berühmt für ihren süßen Wein. Doch hat die Insel auch andere Vorzüge, die annähernd 150 000 Besucher pro Jahr sind ein Indiz dafür. Sie alle suchen und finden den Prototyp einer griechischen Insel, deren harmonische Landschaft noch nicht zerstört ist durch gigantische Hotelkomplexe oder Clubanlagen. Die Vegetation ist üppig, die Berge steil und schroff und die Küste immer nah, ein überschaubares, beliebtes Wanderparadies. Mit seinen antiken Stätten und dem archäologischen Museum in Vathy wählen es auch kunstsinnige Reisende als Ziel.

Wirtschaftlicher Wandel

Lesbos, Chios und Samos hatten nach dem Erreichen der Unabhängigkeit besonders stark unter der Schließung ihrer natürlichen Absatzmärkte zu leiden. Alle drei Inseln waren auf das kleinasiatische Festland ausgerichtet, Anbindung an das griechische Festland bestand kaum. Heute stellen die Grenzen zur Türkei eine wirtschaftlich kaum überwindbare Schranke dar, so daß viele der herkömmlichen Produktionsstätten und Manufakturen schließen mußten. Gerbereien und Seifenfabriken, die die begehrte Olivenseife produzierten, gehörten mit zu den bedeutendsten Wirtschaftszweigen der Inseln. Wie groß der Bedarf damals gewesen ist, kann man an den leeren Hallen in Karlovássi (Samos) und an den vielen Ölfabriken auf Lesbos sehen. Die Menschen emigrierten und suchten auf dem Festland nach Arbeit. Der Bau der

LESETIP

Daphnis und Chloe, die bukolische Liebesgeschichte des antiken Dichters Longus, spielt auf Lesbos und wurde von Marc Chagall wunderbar illustriert (Insel-Taschenbuch, illustrierte Ausgabe im Prestel Verlag). Der Roman des aus Lesbos stammenden Schriftstellers Strátis Myrivilis, **Die Madonna mit dem Fischleib**, schildert am Beispiel des Mädchens Smaragdis das Schicksal der 1922 aus Kleinasien vertriebenen Flüchtlinge. Der Roman spielt in dem kleinen Ort Skála Sykaminías (dtv-Manesse Verlag).

kaikis, der griechischen Fischerboote, früher auf Samos ein wichtiger Erwerbszweig, ist weitgehend zum Erliegen gekommen. Kleine Handwerksbetriebe findet man noch in Karlovássi, Pyrgí und in Órmos. Andere Industriebetriebe können wegen fehlender Rohstoffe und langer Transportwege nicht Fuß fassen. In kleineren Betrieben werden landestypische Produkte wie Ouzo, Sardinen, Fruchtsäfte oder Dosenobst hergestellt bzw. verarbeitet. Auch der Fischfang spielt nur noch eine untergeordnete Rolle.

Zwar sind noch 24 Prozent der Inselbewohner in der Landwirtschaft tätig, doch hat die Zersplitterung des landwirtschaftlichen Grundbesitzes zu kleine Betriebe geschaffen. Nur in großen Kooperativen läßt sich noch effektiv wirtschaften. Lediglich Mastix, Wein – beide werden in Kooperativen erzeugt – und Oliven garantieren auf den einzelnen Inseln eine Existenz und ein oftmals recht bescheidenes Einkommen neben dem Tourismus. Mehrere Jobs zu haben ist selbst für Festangestellte keine Besonderheit, für Landwirte ist es fast die Regel.

So bleibt der Tourismus die gewinnträchtigste Einnahmequelle der Zukunft, aber auch sie fließt unterschiedlich stark. Die Zahl der Besucher aus Europa ist stetig angestiegen und hat der Tourismusbranche vor allem in den frühen neunziger Jahren gute Umsätze gebracht. Der Dämpfer kam aber sofort. Mitte des Jahrzehnts gingen die Buchungszahlen wieder zurück, sowohl wegen der Inflation in Spanien und Italien als auch im Lande selbst.

Typische Kirchlein wie dieses entdeckt man auf den Inseln immer wieder. Wie zufällig in der Gegend verstreut, erheben sie sich aus dem Grün, vor einer Haarnadelkurve oder auf einem Fels direkt über dem Meer.

Drei Inseln stellen sich vor

Von den Göttern verwöhnt

Das Klima in der nordöstlichen Ägäis könnte als nahezu ideal beschrieben werden, wären da nicht die sommerlichen starken Winde. Zwar sorgen diese **meltémia** – sie kommen aus dem nördlich gelegenen Schwarzen Meer – für angenehme Abkühlung, haben aber den Nebeneffekt, daß sie bis zur Windstärke acht ansteigen und sogar den Schiffsverkehr zum Erliegen bringen können. Sonst klettert das Thermometer im Sommer bei etwa 13 Stunden Sonnenschein (Juli bis Mitte September) durchaus über 40 Grad Celsius, und eine drückendheiße Schwüle liegt über den Inseln.

Angenehm ist dagegen das Klima im Frühling und im Frühherbst. Bereits ab Mai kann man baden, die Tagestemperaturen steigen nicht über 30 Grad an, sichern aber mit rund 14 Grad Nachttemperatur noch einen angenehmen Schlaf. Die durchschnittliche Zahl der Regentage liegt zwischen vier und sechs Tagen pro Monat, und die Sonnenscheindauer beträgt im Mai rund zehn Stunden, im Oktober rund acht Stunden.

So richtig ungemütlich wird es allerdings auch im Winter nicht. Zwar steigt die Zahl der Regentage dann auf durchschnittlich zwölf Tage im Monat an, dafür erreichen die Temperaturen tagsüber aber oft noch 20 Grad. Wer die Inseln in Ruhe erkunden will, der sollte im Winter kommen. Dann empfiehlt es sich aber, im voraus die Unterkunft zu sichern, denn viele Hotels und Pensionen haben in den Wintermonaten geschlossen.

Sonne, Sand und wenig Trubel: Überlaufene Strände sind auf Chios, Lesbos und Samos nicht zu befürchten. Natürlich gibt es Wassersport-Angebote – doch die Action hält sich in Grenzen.

Anreise und Ankunft

Kommen Sie als Inselspringer
mit dem Schiff oder bequem und schnell mit dem Flugzeug. Mit dem eigenen Auto sollten Sie mindestens drei Wochen Zeit mitbringen.

Mit dem Flugzeug Alle drei Inseln sind zwischen Frühjahr und Anfang Herbst mit direkten Charterflügen von Deutschland, Österreich und der Schweiz aus zu erreichen. Darüber hinaus besteht eine Vielzahl von innergriechischen Flugverbindungen, welche die einzelnen Inseln mit den großen Städten des Festlandes (Athen und Thessaloniki), aber auch untereinander verbinden. So gibt es von Lesbos aus mit **Olympic Airways** Flugverbindungen auch nach Chios und Limnos, von Chios nach Lesbos und von allen drei Inseln aus mehrmals täglich direkt nach Athen.

Achtung bei Charterflügen: Falls Sie bei einem Türkeibesuch dort übernachten, verweigern Ihnen die griechischen Behörden den Rückflug per Charter!

Mit dem Schiff Auch zu Wasser sind alle drei Inseln gleichermaßen an das gutausgebaute griechische Fährensystem angeschlossen und werden mindestens fünfmal wöchentlich von Piräus aus angefahren. Lesbos und Chios sind durch täglich auslaufende Fähren miteinander verbunden, die rund vier Stunden unterwegs sind. In der Hochsaison verkehren auch Tragflügelboote zwischen Lesbos, Chios, Samos, Ikária und Pátmos. Kleine Fährschiffe und Ausflugsboote verbinden die Inseln mit der türkischen Küste. Die einzelnen Fährverbindungen sind teilweise sehr unregelmäßig und fallen ab Windstärke sieben öfter aus.

Die Anreise mit dem eigenen Wagen ist wegen der langen Fahrzeit und der zeitraubenden Fährverbindungen nur bedingt sinnvoll. Kostengünstiger dürfte doch ein Mietwagen sein.

Ankunft in Chios (Chios) Wer mit dem Flugzeug auf Chios ankommt, muß – sofern er nicht von einem örtlichen Reiseunternehmen in Empfang genommen wird – auf Taxis zurückgreifen, um in die Stadt zu gelangen, einen Flughafenbus gibt es nicht. Mit der Fähre landet man im Zentrum der Hafenstadt. Die **Fern-** und **Überlandbusse**, die mehrmals täglich den Norden und Süden der Insel anfahren, starten von einem kleinen Platz an der Kondoleontos-Straße in der Nähe des Stadtparks, die **Stadtbusse** halten an der Kanári-Straße nahe dem Fährhafen.

Die Touristenpolizei liegt am nördlichen Ende des Fährhafens, die **Tourist Information** an der Odós Kanári 11, Tel. 02 71/2 42 17.

Ankunft in Mytilíni (Lesbos) Vom wenige Kilometer südlich der Stadt gelegenen Flughafen verkehren sowohl **Stadtbusse** als auch ein **Shuttle-Service** der Olympic Airways, der immer kurz nach der Ankunft der Olympic-Flüge losfährt. Tickets für die Stadtbusse sind im Bus, für den Olympic-Airways-Bus im Flughafen erhältlich.

Bequemer und unabhängiger ist man mit einem Taxi, dessen Fahrer einem auch bei der Suche nach einer Unterkunft behilflich sein kann. Einige Autovermieter unterhalten am Flughafen von Mytilíni ein Büro.

Bei der Ankunft mit der Fähre befindet man sich bereits im Zentrum von Mytilíni. Nur wenige Schritte entfernt vom Fähranleger befinden sich die **Touristenpolizei** (hier bekommt man auch Informationsmaterial, Tel. 0251/ 2 27 76) und das **Zollamt**. Der Busbahnhof liegt nur wenige Gehminuten von der Südwestecke des Fährhafens entfernt. Mehrmals täglich starten von hier Überlandbusse nach Varía, Agíassos, Molyvos, Ippio, Kallloní.

Ankunft in Pythagório (Samos) Der Flughafen von Samos befindet sich in der Ebene von Chóra nahe Pythagório. Einen städtischen Busservice gibt es nicht, Olympic Airways hat einen **Shuttle-Service** auf die Inlandsflüge abgestimmt. Wer mit einem Charterflug ankommt, muß auf Taxis zurückgreifen, um zum Beispiel nach Vathy oder in das nähere Pythagório zu gelangen.

Nach der Ankunft mit dem Flugzeug wird die Fähre zum wichtigsten Verkehrsmittel zwischen den Inseln.

Sie können sich ja schon im Flugzeug umhören, ob jemand dasselbe Ziel hat wie Sie, denn Fahrgemeinschaften sind erheblich billiger. Oder Sie bitten einen der Fahrer der wartenden Hotelbusse, Sie im meist nur halbvollen Bus mitzunehmen.

Bei der Ankunft mit dem Schiff in **Vathy** sollte man sich ebenfalls ein Taxi nehmen, falls man anschließend zur relativ weit entfernten Station der Überlandbusse will. Manche Busverbindungen sind allerdings nur mit einem Zwischenstopp in Karlovássi möglich. Das **Büro der griechischen Fremdenverkehrszentrale** ist in Vathy nahe der Platía Pythágoras in einer Seitengasse, Tel. 02 73/2 85 30.

Mit und ohne Auto

Rad, Bus oder Mietwagen – jede Variante, die Inseln zu erkunden, ist reizvoll. Die »richtige Mischung« bei den Entdeckungstouren sorgt für unvergeßliche Urlaubserlebnisse.

Mit dem Auto Nur die wenigsten werden – allein schon wegen der langen Anreise durch den Balkan – mit dem Auto kommen. Wer trotzdem auf den eigenen Wagen nicht verzichten will, fährt über Thessaloniki, Athen oder Rafina und nimmt die Autofähren. Aber auch ohne eigenen PKW können Sie auf Entdeckungsfahrt gehen und ein Auto mieten, Leihwagen gibt es in allen größeren Orten. Sie benötigen nur einen nationalen Führerschein und gegebenenfalls die internationale grüne Versicherungskarte. Prüfen Sie beim Vertragsabschluß genau, welche Zusatzversicherung Sie abschließen wollen, denn diese machen den Mietwagen oft recht teuer.

Während die großen internationalen Leihfirmen wie europcar in der Regel Kreditkarten bevorzugen, nehmen kleine Unternehmen lieber Bargeld oder einen Scheck. Fragen Sie zu Hause bei Ihrem Reisebüro nach fly-&-drive-Angeboten, die oft recht preisgünstig sind. Die Preise auf den Inseln schwanken stark und je nach Saison. In der mittleren Saison (Juni) liegt der Preis für einen Kleinwagen auf Samos inklusive Vollversicherung und unbegrenzten Kilometern bei ca. 8000 Drs./50 DM pro Tag.

Parkplätze in den Städten sind rar und winzig. Tankstellen – auch mit bleifreiem Benzin – sind auf allen Inseln ausreichend vorhanden, in den kleineren Orten haben sie aber am Samstag und Sonntag geschlossen. Tanken Sie lieber vorher, damit Sie nicht mühsam nach Benzin suchen müssen. Die Inselstraßen sind äußerst kurvenreich, deshalb wundern Sie sich nicht, wenn Ihnen oder Ihren Kindern auf dem Rücksitz leicht schlecht wird. Beugen Sie lieber mit kleinen Pausen vor.

Vorsicht bei Mietverträgen für Moped und Auto: Prüfen Sie genau die Zusatzvereinbarungen, die Sie unterschreiben sollen. Immer wieder kommt es vor, daß unter den Vermietern schwarze Schafe zu finden sind!

Öffentliche Verkehrsmittel Alle drei Inseln sind hervorragend mit öffentlichen Verkehrsmitteln erschlossen, aber vorwiegend auf die Bedürfnisse der Bevölkerung ausgerichtet und weniger auf die der Touristen. So fahren viele Busse sehr früh, teilweise schon um fünf Uhr morgens, ab. Die Hauptorte sind alle mit mehrmals täglich verkehrenden Buslinien verbunden, ebenso gelangt man von den Zentren gut in die etwas

MIT UND OHNE AUTO

entfernteren Dörfer. Bei abgelegenen Orten ist eine tägliche Verbindung jedoch nicht selbstverständlich. Aktuelle Informationen und Fahrpläne bekommen Sie am Busbahnhof, im Büro der jeweiligen Tourist Information, an Kiosken und bei der Touristenpolizei. Meist fahren die Busse pünktlich ab. Fahrkarten können im voraus an den Bahnhöfen bezahlt werden oder bei kleinen Distanzen direkt beim Fahrer. Bei längeren Verbindungen gibt es manchmal sogar richtige Platzkarten. Mit einem Preis, der unter 20 Drs./13 Pfennig pro Kilometer liegt, sind die Busse eine preiswerte Alternative zum Mietwagen. Kinder unter vier Jahren zahlen die Hälfte.

Fahrräder und Mopeds Wer nur die nähere Umgebung erkunden, ab und zu mal ins Dorf oder zum Abendessen in den nächstgrößeren Ort will, für den ist ein Fahrrad oder ein Moped/Motorrad sehr geeignet. In den Touristenzentren wie Molyvos, Mytilíni, Samos usw. ist es kein Problem, sich ein Zweirad – motorisiert oder unmotorisiert – zu leihen. Auch hier genügt der nationale Führerschein. Die Gebühr für kleine Mopeds liegt bei ca. 2500 Drs./16 DM pro Tag. Lassen Sie sich trotz der nicht vorhandenen Helmpflicht auf alle Fälle einen Helm geben – und benützen Sie ihn, auch wenn die Sonne noch so schön scheint.

Falls Sie Radtouren planen, dann legen Sie Ihre Exkursionen nicht in die Mittagszeit, nützen Sie lieber die morgendliche Kühle, und unterschätzen Sie nicht die Entfernungen und Steigungen. Die Straßen sind oft steil und kurvenreich. Fahrräder kosten zwischen 500 und 1000 Drs./ 3,10 und 6,20 DM pro Tag.

Wo das Auto nicht hinkommt, wird der Esel ein öffentliches Verkehrsmittel.

Hotels und andere Unterkünfte

Fünf-Sterne-Hotels werden Sie vergebens suchen. Doch wer den Charme und die Gastlichkeit der Griechen schätzt, der fühlt sich auf den Inseln auch ohne übertriebenen Luxus wohl.

Haben Sie nicht bereits zu Hause ein Pauschalangebot inklusive Hotel gebucht, dann heißt die magische Zauberformel: »Rooms to let«. In jedem Inselort findet man Hinweisschilder, die unterkunftssuchende Reisende ins richtige Quartier locken wollen. Sind Sie erst spät abends mit einer Fähre gekommen, dann vergessen Sie Ihre mitteleuropäische Skepsis, und folgen Sie vertrauensvoll einem der Schilder. In der Hauptsaison kommen viele Zimmervermieter direkt an die Fähren und fangen die Passagiere mit der Frage »Room?« ab. Letzte Chance sind die Taxifahrer, die meist alle Quartiere kennen. Sie werden sehen, die meisten dieser privaten Unterkünfte sind durchaus gemütlich, sehr sauber und bieten Ihnen darüber hinaus oft noch Familienanschluß.

Grundsätzlich sind alle von der National Tourist Organization of Greece registrierten Hotels in sechs unterschiedliche Kategorien eingeteilt, beginnend mit der Luxusklasse und folgend in die Unterteilungen A bis E. Nachdem Fünf-Sterne-Häuser außer in Chios auf allen anderen Inseln nicht zu finden sind, entspricht die Klasse A der »Oberen«, B und C der »Mittleren« und D und E der »Unteren Preisklasse«. In jedem dieser registrierten Hotels muß ein Preisaushang vorhanden sein, der sich meist an der Zimmer- oder in der Schranktür der Zimmer befindet. Dort sind die genauen Preise aufgelistet, inklusive Frühstück. In den Preisen sind alle Steuern enthalten, sie variieren aber je nach Saison. Ein Preisaufschlag von 50 Prozent in der Hauptsaison ist dabei nicht ungewöhnlich. Für Extrabetten werden zusätzlich 20 Prozent und in der Hauptsaison durchaus mehr hinzugefügt.

Griechische Hotels stellen an den Gast manchmal besondere Anforderungen, seien Sie also nicht verärgert, wenn Sie in einem Drei-Sterne-Hotel keine Steckdose neben dem Spiegel vorfinden oder das Badewannenemail einen betagten Eindruck macht.

Wer in der Vor- oder Nachsaison reist, muß damit rechnen, daß viele Quartiere sich noch im Zustand der vollkommenen Renovierung befinden. Außerhalb der Hauptsaison ist aber auch das staatliche Preisfixum nicht so hart, und man kann mit vielen Besitzern einen »vernünftigen« Preis aushandeln. Die Preise sind immer auf ein Zimmer, Einzel- oder Doppel-, ausgerichtet. Ein Preisnachlaß bei einer Doppel-

HOTELS UND ANDERE UNTERKÜNFTE

zimmerbenützung durch eine einzelne Person ist reine Verhandlungssache. Bei einem Aufenthalt mit weniger als zwei Übernachtungen kann ein zehnprozentiger Aufschlag verlangt werden.

Ein kritischer Punkt ist das Frühstück und die etwaige Halbpension. Unter »erweitertem Frühstücksbuffet« ist unter Umständen nichts anderes zu verstehen, als daß es zu dem kärglichen griechischen Frühstück mit Toast, Marmelade und Kaffee oder Tee vielleicht noch Cornflakes gibt. Wer etwas nahrhafter frühstücken will, muß also morgens zum Bäcker gehen. Leider stellen Mahlzeiten, die mit der Halbpension angeboten werden, manchmal ebensowenig zufrieden. Tavernen, Garküchen und Restaurants sind jedoch in ausreichender Anzahl in jedem Ort vorhanden, und deren Gerichte sind in fast allen Fällen schmackhaft.

Camping Wer mit dem Zelt unterwegs ist, braucht auf Chios, Lesbos und Samos möglichst einen fahrbaren Untersatz. Es gibt insgesamt nur drei Campingplätze. Die beiden Anlagen auf Lesbos liegen relativ weit vom Zentrum entfernt, die auf Chios ist rund drei Kilometer vom nächsten – sehr kleinen – Dorf entfernt. Wildes Campen wird an manchen Stellen von den Gemeindeverwaltungen geduldet.

Hotels sind bei den einzelnen Orten im Kapitel »Sehenswerte Orte und Ausflugsziele« beschrieben.

Preisklassen

Die Preise gelten für eine Übernachtung im Doppelzimmer für zwei Personen, inklusive Frühstück.
Luxusklasse ab 18 000 Drs.
Obere Preisklasse ab 12 000 Drs.
Mittlere Preisklasse ab 8000 Drs.
Untere Preisklasse ab 4000 Drs.

MERIAN-TIP

Markos' Place Oberhalb vom feinen Sandstrand von Karfás liegt, umgeben von einfachen Pilgerunterkünften, die kleine Kirche Ágios Geórgis. Anfang der achtziger Jahre hatte Wirt Markos damit begonnen, das inzwischen von ihm angemietete Anwesen zu restaurieren und es in eine liebevolle, nicht luxuriöse, sondern ursprüngliche Pension umzubauen. Wer auf der Suche nach einem Stückchen griechischer Seele ist, wird sie bei Markos Kostalas im Schatten seines üppigen Gartens sicherlich finden. Markos' Place, 82100 Chios-Karfás, Tel. 02 71/3 19 90, 15 Zimmer, Untere Preisklasse ■ E 4

Essen und Trinken

Frischer Fisch, kühler Wein und eine leichte Brise vom Meer? Ouzo mit Mezé oder gegrilltem Zicklein? Oder klassisch: Moussaká oder Kalamarákja?

Zu Hause kennt jeder seinen Griechen um die Ecke, doch unterscheiden sich seine Gerichte in ihrer Zubereitung oft von denen, die Sie auf den Inseln kennenlernen. Ein erster Unterschied besteht in dem reichlichen Gebrauch des guten Olivenöls. Ein zweiter stammt aus der Zeit der gemeinsamen Dorfbacköfen: Damals wurden die Speisen lauwarm gegessen, und so werden auch heute noch häufig die Gerichte serviert. Chios, Lesbos und Samos sind alle drei trotz Tourismus immer noch Inseln, die ihre ländliche Küche pflegen. Natürlich gibt es auch hier Restaurants, Bars und Bistros, deren Gäste in den Saisonwochen hauptsächlich ausländische Besucher sind. Doch für den Rest des Jahres muß die Kunst der Köche den Einheimischen schmecken, und die lassen sich nicht alles gefallen. Wo wirklich Griechen sitzen und tafeln, da sollte man sich ebenfalls für das Restaurant entscheiden. Nicht ganz billig ist fangfrischer Fisch. Die oft leeren Netze der Fischer in der stark überfischten Inselregion sorgen leider für ein gehobenes Preisniveau bei anspruchsvolleren Fischgerichten.

Ouzo, Retsina und kleine Snacks servieren fast alle Strandbars – wie hier in Vaterá auf Lesbos, wo viele Urlauber gerne mal eine erfrischende Sonnenpause einlegen.

ESSEN UND TRINKEN

Eßgewohnheiten Griechisches Essen ist also wegen des großzügig verwendeten Olivenöls schwer und außerdem lauwarm, aber bei der großen Sommerhitze ist es angenehm, die Gerichte so serviert zu bekommen. Neben gegrillten und fritierten Speisen werden Sie noch andere Angebote finden. Man muß nur etwas Mut haben und vielleicht auch einmal selbst in die Küche gehen. Viele Köchinnen und Köche reagieren mit Freude und Stolz darauf, wenn man in die Töpfe guckt. Gerne zeigt man Ihnen, was gerade im Kühlfach liegt. Und wenn die üblichen Pommes frites Ihre Kaloriengrenze sprengen, dann bitten Sie einfach um Salat – als Bauernsalat **choriátiki** oder als reiner Tomatensalat **domatosaláta**. Ist Ihnen der Salat zu ölig, dann fragen Sie einfach nach Zitrone oder Essig, und schon ist alles wieder viel verträglicher. Speist man im großen Kreis, ist es üblich, mehrere Beilagen zu bestellen und gemeinsam davon zu essen. Sind Sie allein oder zu zweit, dann lassen Sie sich einen kleinen Teller zusammenstellen.

Bevor er auf den Grill kommt, wird Oktopus weichgeklopft und zum Trocknen aufgehängt.

Fleisch oder Fisch? Sie sind auf einer Insel – rundherum also nur Meer. Nur von Oktober bis Mai darf mit großen Schleppnetzen gefischt werden, und so ist frischer Fisch trotz Insellage im Sommer für griechische Verhältnisse sehr teuer (Fisch der Klasse A kann bis zu 60 DM pro Kilo kosten). Während der Sommermonate fahren nur die kleineren Boote aus, die mit langen Leinen oder kleineren Netzen auf Fischfang gehen. Dann bekommen Sie in den Tavernen frischen Fisch, oft vom Wirt oder von einem Familienmitglied gefangen. Tiefgefroren ist häufig folgender Fisch (in den Hotelanlagen): **garídes** (Krabben), **glossá** (Seezunge), **ochtapódi** (Oktopus) oder **marídes** (Sardellen).

Gegrillt wird auch jedes Fleisch, **arnáki** (Lamm) auf Holzkohlefeuer oder **biftéki** (Frikadellen) und das bekannte Gyros. Gyros als **souvlákia** (Spieß mit Schweinefleisch) oder **gyros me pítta**, also im Fladenbrot, mit **tsatsíki** (Joghurt mit Zwiebel, Gurke und Knoblauch) ist beliebt, gut und preiswert.

ESSEN UND TRINKEN

Taverne oder Restaurant? Vom kleinen Souvlaki-Stand bis hin zum Nobelrestaurant können Sie sich kulinarisch verführen lassen. Eine unserem Restaurant entsprechende Institution ist das **estiatório**, in dem es von der Suppe bis zum Dessert alles gibt. Eine **psárotavérna** ist ein Fischlokal, man hält dort aber immer auch zumindestens ein **biftéki** für Sie bereit. Eine normale **tavérna** entspricht ebenso wie ein estiatório unseren Vorstellungen von einem einfachen Restaurant, während eine **ouzerí** zum Ouzo, Bier oder Wein nur kleine Vorspeisen (**mezé**) wie Hackfleischbällchen (**keftédes**), große Bohnen (**gigantés**) oder kleine fritierte Fischlein serviert.

Neben der Kirche die wichtigste griechische Institution ist das **kafeníon**. Bei Kaffee und einem Glas Wasser kann man hier stundenlang sitzen und dem Treiben auf der Platía zusehen. Essen kann man im Kafeníon nicht, vielleicht stehen einmal ein paar süße Teilchen am Tresen oder ein paar Oliven. Statt Speisekarten liegen genug Spielkarten oder Távli-Spiele bereit.

Pizzerias oder Snackbars haben inzwischen vielerorts ihren angestammten Platz im Restaurantgeschehen und ergänzen mit Toast, Sandwich, Würstchen mit Ketchup oder Pizza das Angebot. Wer Süßigkeiten, kleine Kuchen und Törtchen mag, sollte nicht versäumen, ein **sácharoplastíon**, eine Konditorei, aufzusuchen. Hier kann man auch Frischmilch und Joghurt kaufen.

Früh – mittags – abends Frühstücksfreunde werden auf den Inseln in aller Regel nicht auf ihre Kosten kommen. Das griechische Frühstück besteht aus Kaffee (oft Nescafé), Zwieback, Weißbrot, Butter und Marmelade. Die anderen Hauptmahlzeiten dagegen fallen meist um so üppiger aus. Mittagszeit ist zwischen 12 und 15 Uhr, und die typisch griechische Zeit fürs Abendessen ist ab 21 Uhr bis spät in die Nacht. Ein gemeinsames Essen im großen Kreis wird oft zu einer langen Feier mit »open end«. Papiertischdecken und Plastikteller, einfaches Besteck mit Plastikgriffen oder aus Aluminium tun der Fröhlichkeit keinen Abbruch.

Wirklich nur Retsina? Der geharzte Weißwein aus Attika auf dem Festland ist neben dem Aperitif Ouzo zum Synonym griechischer Getränke geworden. Während früher der Wein mit dem Harz der Aleppokiefer haltbar gemacht wurde, wird das Harz heute nur noch aus rein geschmacklichen Gründen zugesetzt. Retsina wird wie sämtliche anderen griechischen Weine jung und frisch getrunken, eine längere Lagerung ist unüblich. Faßweine vom Winzer – **apo to vareliou** – sind auf den Inseln fast nicht zu bekommen, der berühmte Samoswein geht sämtlich in die Genossenschaft und wird zentral verkeltert. So stehen in den Restaurants und Tavernen die gängigen weißen, roten oder roséfarbenen Weine, Retsina, roter oder weißer Demestica, Kokkinelli und Archaia zur Auswahl bereit. Auf Chios und Lesbos sind nur begrenzt lokale Sorten erhältlich. Getrunken werden sie vornehmlich zum Essen oder abends in der Taverne. Beliebt sind bei den Griechen auch ausländisches Bier und alkoholfreie Getränke. Heineken, Amstel und Löwenbräu brauen sogar in Griechenland; Coke, Sprite, Fanta, Pepsi kommen aus hiesiger Produktion und sind aus dem Alltag nicht mehr wegzudenken.

Ähnlich verhält es sich mit dem zweiten Nationalgetränk Ouzo. Hier gibt es etliche inseleigene Brennereien – allein auf Lesbos sind es sieben –, und so mancher Wirt destilliert seinen eigenen Ouzo. Auch der Mastix-Schnaps auf Chios ist noch im Originalgetränk. Kaffee als Tagesgetränk wird als Nescafé aufgeschäumt und kalt oder heiß serviert, der typische »Greek coffee« indes mit Kaffeesatz in kleinen Tassen serviert. Was zu keinem Essen und bei keinem Kaffee fehlen darf, ist Wasser, das eigentliche Hauptgetränk aller Griechen.

Wie wär's mit einem Picknick? Frisches Obst und Gemüse, eingelegte Oliven und Peperoni, cremig-zarter Joghurt und frisches Fladenbrot, eine gekühlte Flasche Wasser und ein wohlschmeckender leichter Wein – alles, was man für ein deftiges Picknick am Strand benötigt, bekommt man in den Lebensmittelläden in bester Qualität. Kalí órexi!

Restaurants sind bei den einzelnen Orten im Kapitel »Sehenswerte Orte und Ausflugsziele« beschrieben.

Preisklassen

Die Preise beziehen sich auf ein Hauptgericht mit Beilagen ohne Getränke, Steuern und Trinkgeld.
Luxusklasse ab 2500 Drs.
Obere Preisklasse ab 2000 Drs.
Mittlere Preisklasse ab 1500 Drs.
Untere Preisklasse ab 1000 Drs.

MERIAN-TIP

Fischtavernen in Langáda (Chios) Vom 1. Oktober bis zum 31. Mai jeden Jahres sind die Tavernen und Kneipen rund um Langáda ein beliebtes Ausflugsziel der Chioten, denn von hier fährt ein größerer Teil der Fischerboote aus, von denen die Wirte jeden Morgen den Fisch frisch einkaufen können. Vor Langáda liegen Fischfarmen, die sich recht erfolgreich um die Zucht von Edelfischen, wie zum Beispiel dem Seewolf, bemühen. Wessen Herz sich an wirklich frischen Garnelen oder Seefischen erfreuen kann, der sollte die Gelegenheit nutzen und an das Hafenbecken von Langáda kommen. ■ E3

Einkaufen

Mastix, Wein und Töpferwaren
sind die beliebtesten Souvenirs. Guter Honig, Kräuter und Oliven erfreuen auch anspruchsvolle Gaumen.

Wer auf der Suche ist nach besonders ausgefallenen und exotischen Andenken, der sucht auf Chios, Lesbos und Samos höchstwahrscheinlich vergebens. Das Angebot an »typischen« Mitbringseln beschränkt sich vorwiegend auf landwirtschaftliche Erzeugnisse oder Töpferwaren. In den Souvenirläden finden Sie auch Produkte anderer griechischer Inseln und T-Shirts sowie Badeschwämme.

Viele der Geschäfte und Läden werden auch nicht von den Inselbewohnern geführt, sondern von Athener Geschäftsleuten, die teilweise mehrere Läden auf verschiedenen Inseln besitzen und diese nach den Sommermonaten wieder verlassen. Dazu gehören vor allem die Boutiquen und Schmuckläden in Orten wie Molyvos, Kokkári oder Pythagório.

Zum Standardangebot gehören überall die **kombolóia**, die typischen Gebetsketten der Männer – heute zu einer Art Alltagsspielzeug geworden, das man immer mit sich trägt –, oder kleine Tonplastiken von griechischen Häusern, Klöstern und Kirchen. In bescheidenem Maße werden auch Lederwaren wie Taschen, Rucksäcke und Gürtel angeboten.

Der Orient ist nah: kleine »Einkaufsmeile« in Molyvos auf Lesbos.

Kräuter, Honig, Mastix und Tonwaren Um typische Inselprodukte zu finden, führt der Weg unweigerlich in unscheinbare Lebensmittelläden. Auf allen drei Inseln wird lokaler Honig angeboten, der ausschließlich in kleinen Imkereien erzeugt wird, sowie getrocknete Kräuter wie Thymian, Lavendel, Oregano und Rosmarin. Eine gute Einkaufsmöglichkeit ist während der Hauptsaison auf Samos die Landstraße von Pyrgí nach Karlovássi. Immer wieder weisen Hinweisschilder wie etwa »Niko's Farmstore« auf die kleinen Verkaufsläden hin, die gute landwirtschaftliche Produkte, zum Beispiel Käse, anbieten. In vielen Läden kann man auch »einheimisches« sehr aromatisches Olivenöl kaufen, das aber nicht die italienischen Qualitätsabstufungen wie »extra vergine« kennt, denn ein Großteil des Öls wird in industrieller Massenproduktion verarbeitet.

Ähnlich verhält es sich beim Wein. Der örtliche Markt ist überschwemmt mit Produkten von Großkellereien wie Boutari. Einheimischer Wein **apo to vareliou** (vom Faß) ist kaum zu bekommen. Selbst auf Samos, das in der ganzen Welt für seinen Wein berühmt ist, bekommt man nur die Weine der Winzergenossenschaft, die überall erhältlich sind. Dennoch ist ein Fläschchen Grand Cru, wie der 15prozentige Dessertwein auf Samos genannt wird, eine nette Erinnerung an Stunden in der Urlaubstaverne. Der Anisschnaps Ouzo ist weltweit beliebt; den besten und auch stärksten Ouzo bekommt man auf Lesbos, wo sieben Ouzo-Destillerien beheimatet sind, vier in Plomári, drei in Mytilíni.

Mastix als Genußmittel ist sicherlich gewöhnungsbedürftig. Zwar sorgt es ähnlich wie Menthol für frischen Atem, der etwas bittere Geschmack ist aber nicht unbedingt jedermanns Sache.

MERIAN-TIP

Kopien antiken Goldschmucks In den Museen von Athen und Thessaloniki im Original ausgestellt, kann man auf Samos qualitätvolle Repliken antiker Schmuckstücke erstehen. Michail Stavrinos führt in Vathy das älteste Juweliergeschäft der Insel und hat sich auf wertvolle Repliken spezialisiert. Es muß ja nicht immer gleich die 22-Karat-Goldkette mit Granatsteinen sein, seine Spangen und Ringe sind ebenso unvergleichlich und schön. Odós Kontaxi, Vathy, Samos ■ e 2, S. 75

Einkaufen

Die Verwendungsmöglichkeiten für das Mastix-Harz sind nahezu unerschöpflich, es gibt Mastix-Schnaps, eingelegte Früchte oder mit Rosenwasser veredelte Mastix-Paste als kleine Süßigkeit. Auch Zahnpasta oder Kaugummi mit Mastix sind überall auf Chios erhältlich.

In verschiedenen Orten werden auch Ton- und Töpferwaren angeboten. Das Angebot reicht von glasierten Tellern, Schüsseln und Krügen bis hin zu Dachtraufen, ganzen Skulpturen und großen Pflanzenkübeln. Vorsicht aber, wenn man diese dekorativen Teile im Winter draußen stehen lassen möchte: Die meisten dieser Terrakotta-Arbeiten sind nicht winterfest und springen bei Minusgraden.

Einkaufen in besonderer Atmosphäre Man sollte auf einen Besuch der Märkte und Einkaufsstraßen nicht verzichten, denn die Nähe zur türkischen Küste und die jahrhundertelange osmanische Herrschaft haben auch auf Chios, Lesbos und Samos ihre Spuren hinterlassen. Mehr als auf allen anderen Inseln gleichen hier die Märkte den typisch orientalischen Bazaren. Der alte Markt in Mytilíni auf Lesbos, heute vorwiegend von Gemüsehändlern genutzt, könnte auch auf dem türkischen Festland stehen. Die Anordnung der Gassen im Marktviertel von Chios erinnert an die typischen Bazarzeilen arabischer oder türkischer Märkte. Auch in Mytilínis Gassen geht es recht lebhaft zu. Gemüse und Fischhändler preisen ihre Waren mit lauten Rufen. Dazwischen jonglieren Kellner aus dem nahen Kafeníon mit Kaffee, Wasser und Ouzo und versorgen die Händler.

Doch zum Markt kommt man nicht nur zum Einkaufen, sondern auch, um neueste Informationen auszutauschen und politische Ereignisse zu besprechen. Und wie auf orientalischen Basaren wird ausführlich gehandelt und um jede Drachme gefeilscht. Nur in den »vornehmen« Läden mit Schaufenstern und Leuchtreklame sind die Preise fix. Aber auch ihr Angebot ist wie das der älteren Läden einen Blick wert. Dosenobst steht da neben Herrensocken und Schreibheften, frisch gemahlener Kaffee wird zusammen mit Erdnüssen angeboten, und so manche Postkarte liegt schon mindestens 20 Jahre in dem ganz und gar nicht »werbeträchtigen« kleinen Schaufenster.

Wer diese Art von Läden liebt, sollte einmal einen Blick in das Olympic Airways Office in Plomári werfen. Die eine Ladenhälfte wurde notdürftig zu einem Reisebüro umgewandelt, die andere ist ein Kurz- und Schreibwarenhandel, dessen unerschöpfliche Knopfbestände und Geburtstagskarten seit Jahren in den meterhohen Regalen ihr Dasein fristen.

Auch die Antiquitätenläden in Mytilíni (Lesbos) sind einen Kurzbesuch wert. Denn hier wird oftmals zum Verkauf angeboten, was uns zu veräußern undenkbar erscheint...

Mit Kindern unterwegs

Schildkröten suchen, im Meer baden und Sandburgen bauen – die Inseln sind ideal für kleine Urlauber. Das kindgerechte Programm stellen sie selbst zusammen.

Wer ein raffiniertes Animationsprogramm sucht, ist auf den falschen Inseln. Auf Chios, Lesbos, oder Samos gibt es keine großen Clubs mit ausgeklügeltem Beschäftigungsangebot für Kinder. Wer hierher kommt, verbringt seine schönsten Wochen meist in der Familie und nicht getrennt voneinander. Das Angebot der Hotels und Ferienorte für Kinder beschränkt sich meist auf einen kleinen Spielplatz im Dorf oder im Hotel. Es gibt auch kein ausgesprochenes Kinderprogramm, das vom Touristikverein oder Hotel organisiert wird. Trotzdem sind die Inseln ein ideales Familienziel, denn mit ein bißchen Phantasie gestalten Sie Ihren eigenen Abenteuerurlaub viel besser, als jeder Berufsanimateur es könnte.

Griechen vergöttern zwar Kinder nicht so wie etwa Italiener, aber sie bringen ihnen viel Freundlichkeit und Respekt entgegen. Sie werden auf den Arm genommen und geherzt, dürfen beim Fischen zuschauen oder auf dem Esel reiten.

Gelegenheiten gibt es viele, zusammen mit dem Nachwuchs am Inselalltag teilzunehmen. Und

Ideal für Kinder: Psillí Ámos im Osten von Samos ist einer der schönsten Strände der Inseln. Das Ufer fällt hier extrem flach ab.

Mit Kindern unterwegs

CHIOS, LESBOS UND SAMOS ERLEBEN

das ist oft ein größeres Erlebnis, als wir Erwachsene uns das vorstellen. Eine Schildkröte, die über die Straße wandert, ist das Gesprächsthema für viele Tage. Zusammen in einem kleinen Fischerboot einmal hinaus aufs Meer fahren ist gewiß nichts Alltägliches. Und auch die Größeren werden dem Inselurlaub etwas abgewinnen können. Schnorcheln, Tauchen oder eigene Exkursionen mit dem Mountainbike in die nähere Umgebung sind einige Möglichkeiten, dem Strand- oder Besichtigungsalltag zu entfliehen.

Keine der Inseln ist so groß, daß man in Sightseeing-Streß käme oder stundenlang bei großer Hitze im Auto sitzen müßte. Auch Freunde, mit denen man zusammen spielt, sind schnell gefunden, ob griechische oder deutsche. Zum Fußballspielen brauchen Kinder bekanntlich weniger die gemeinsame Sprache als einen Ball und zwei Stecken fürs Tor. Oftmals ist es nur eine Frage der richtigen Motivation. Eine kleine Wanderung durch die schattigen Kiefernwälder des Olympos (Lesbos) wird zu einer unterhaltsamen Tour, wenn man dabei in einem Tümpel eine Schildkröte findet, vielleicht eine Schlange sieht. Eine Besichtigung in einem Kloster oder auf einer Burg wird zu einem Abenteuer, wenn man vom schweren und gefährlichen Leben unter der Zeit der türkischen Herrschaft erzählt. Der Abstieg in die düsteren Gänge der Katakombenkirche von Skópelos (→ S. 69) mag auch hartgesottene Heranwachsende erst einmal in ihrem Tatendrang bremsen. Mit Abwechslung und einer guten Mischung aus Ruhetagen und Unternehmungen werden die Urlaubstage zum erfüllten und erholsamen Aufenthalt.

Aber natürlich ist und bleibt das kühlende Meer die Hauptattraktion. Badeschuhe gehören ins Gepäck, können aber auch in den Ferienorten erworben werden. Sand und Steine erhitzen sich unter der Sommersonne sehr stark, so daß der Gang ins Wasser nicht nur für kleine Füße sehr schmerzhaft werden kann.

Zu guter Letzt ist auch das griechische Essen kindgerecht. Die Speisekarte mit Spaghetti, Pommes und Hackfleischgerichten ist für manches Kind ein Traum.

Happy-Surf-Kurse in Skála Kallonís Kinder und Jugendliche, die gerne einmal aufs Brett steigen wollen, um bei auflandigem Wind über eine exzellente Flachwasserpiste zu surfen, sollten einmal in Skála Kallonís bei Happy Surf vorbeischauen und sich zu einem Schnupperkurs anmelden. Für Jugendliche bis 15 Jahre gelten beim Surfpool besondere Preise. Informationen in Deutschland unter anderem bei Happy Surf Reisen, 81371 München, Tel. 0 89/77 10 66, Fax 0 89/7 25 88 88.

Die stimmungsvolle Atmosphäre in den meisten griechischen Tavernen sorgt dafür, daß auch Kinder schnell Kontakte knüpfen. Sprachbarrieren? Aber nein ...

Sport und Strände

Genießen Sie die Natur nach eigenen Kräften: Wandern, schwimmen oder radeln Sie – und in den Pausen erholen Sie sich am Strand.

Das auf den meisten Ferieninseln im Mittelmeer übliche Angebot von Golf und Tennis, Wasserski und Tauchen, Segeln und Drachenfliegen werden Sie auf diesen Inseln vergebens suchen. Einen Golfplatz gibt es nicht, ebensowenig Gleitschirme, um über den Strand zu segeln. Kein Angebot, das den Urlaub so richtig up to date macht. Wenn Sie als Sportler unterwegs sind, so ist in erster Linie Ihre Eigeninitiative gefordert: Gehen Sie schwimmen, wandern, radfahren, und das auf eigene Faust. Da Sie zum Urlaub auf die Inseln gefahren sind, suchen Sie sicherlich Meeresnähe, Strand und Badefreuden. Alle drei Inseln besitzen wunderschöne und abgelegene Buchten, die meist aber erwandert werden müssen. Die ganz großen Traumstrände – sieht man von Psillí Ámos auf Samos und Vaterá auf Lesbos einmal ab – fehlen. Die Strände sind vorwiegend Kieselstrände, oft eingefaßt von scharfen Klippen, was gerade Schnorchlern sehr gefallen wird. Vor allem auf Chios und Lesbos sind noch weite Küstenstriche überhaupt nicht erschlossen. Läßt man also das Auto stehen und wandert eine halbe Stunde, so kann man sicher sein, Bucht oder Felsen wirklich für sich alleine zu haben.

Nur an den wenigen erschlossenen Badestränden werden Sonnenschirme und Liegestühle ausgeliehen. Süßwasserduschen fehlen nahezu überall. Das Angebot an Wassersport, sei es nun Tretboot, Kanu oder Surfbrett, ist so gering, daß man es an einer Hand abzählen kann.

Bergsteigen und Wandern Hier liegt einer der sportlichen Schwerpunkte. Inzwischen bieten viele Reiseunternehmen (sogar Expeditionsveranstalter) geführte Wander- und Kulturreisen auf allen drei Inseln an, so **Hauser Exkursionen** aus München und **Bäumeler Wanderreisen** aus der Schweiz. Zu den Höhepunkten gehören die Besteigung der beiden Samosgipfel Ampelós und Kérkis sowie mehrtägige Rundwanderungen auf Lesbos. Informationen gibt der **Alpenverein München,** DAV Summit Club, Am Perlacher Forst 186, 81545 München, Tel. 0 89/65 10 72.

Das Touristbüro in Mytilíni hält eine Broschüre mit mehrtägigen Wandervorschlägen bereit (Tourist Police am Fährhafen, Tel. 02 51/2 27 76).

Kokkári hat sich zum lebhaftesten Badeort auf Samos entwickelt.

Sport und Strände

Sport und Strände

Mountainbiking

Überraschenderweise sind qualitativ hochwertige Bikes in fast allen Orten zu mieten. Dies ermöglicht durchaus ordentliche bis anspruchsvolle Touren. Eine Fahrt etwa von Vaterá hoch zum Olympos (Lesbos) kann sich mit fast 1000 Höhenmetern durchaus mit einer Alpentour messen. Man sollte aber bei allen Fahrten die Hitze berücksichtigen. Im Sommer ist eine Mountainbike-Tour bei Temperaturen von 35 bis 40 Grad Celsius wohl nicht mehr angebracht.

Geführte Touren werden u. a. von dem deutschen Veranstalter SFI-Sporttouristik (Tel. 02 51/6 03 86) in Münster angeboten.

Reiten

Lediglich auf Samos werden Exkursionen angeboten. Der Reitstall befindet sich wenige Kilometer nach Samos auf der Straße nach Pythagório.

Tauchen

Schnorcheln ist überall erlaubt, Gerätetauchen untersagt. Es gibt deshalb auch keine Tauchschulen. Gerade die Felsenküsten mit ihren kleinen Kiesbuchten eignen sich besonders für Schnorchler. Dreizack und Harpune kann man in nahezu jedem Küstenort kaufen. Der Erfolg sei aber wegen des sowieso nicht gerade üppigen Fischbestandes dahingestellt.

Tennis

Einige größere Hotels bieten eigene Tennisplätze, die auch von hotelfremden Gästen gebucht werden können. Sämtliche Ausrüstung muß aber mitgebracht werden.

Wassersport

Surfbretter und Katamarane inklusive Kursen werden auf Lebos in Skála Kallonís angeboten. Tret- und Paddelboote sind an größeren Standorten wie Pétra und Molyvos erhältlich. Auf Samos kann man Surfbretter in Karlovássi, Kokkári, Pythagório und am Potokáki Strand leihen. Auf Chios fehlt jegliches Angebot.

Wasserski ist nur in Skála Kallonís auf Lesbos und an den Stränden von Karlovássi, Kokkári und Pythagório auf Samos möglich.

Strände

Chios: Agía Iríni ■ D 4/D 5
Zwischen Mestá und Agía Iríni zweigen immer wieder kleine Sandstraßen meerwärts ab, die zu größeren, meist völlig leeren Buchten mit Kiesstränden führen.

Chios: Karfás ■ E 4
Kilometerlanger Sandstrand südlich von Chios-Stadt, der zunehmend touristisch erschlossen wird. Wer es ruhiger will, zieht sich noch weiter nach Süden zurück, bis nach Kataráktis oder Vokariá.

Chios: Mávra Vólia ■ D 6
Die schwarzen Lavakugeln bei Emporiós locken nicht nur ausländische Besucher. Die Buchten, der steil abfallenden Bergflanke vorgelagert, sind auch Ziel chiotischer Tagesausflügler und Schulklassen. Trotzdem einer der schönsten Badeplätze auf Chios.

Chios: Nágos ■ E 2
In den Sommermonaten tummeln sich hier die Bewohner der Feriensiedlungen und Studios am Kiesstrand. Abgesehen von Juli und August ist der Strand verlassen.

SPORT UND STRÄNDE

Chios: Sidiroúnda ◼ D 3
Hier führt die Straße nach Volissós an der Küste entlang. Wer hier an einer günstigen Stelle anhält und hinabklettert, findet zwischen schroffen Felsen immer wieder kleine Buchten à la Robinson Crusoe.

Lesbos: Mólyvos ◼ I 2
Strand kaum vorhanden und nicht zu empfehlen. Bevorzugt werden, wenn man in Mólyvos wohnt, der Sandstrand von Pétra und die Kiesbuchten auf dem Weg nach Skála Sykaminías.

Lesbos: Plomári ◼ L 6
Von hier nimmt man eines der Ausflugsboote und läßt sich zu den südlich von Ágios Issídoros gelegenen Buchten fahren. Traumhaft.

Lesbos: Skála Kallonís ◼ I 3
Trotz seiner Lage am Ende der Bucht von Kallonís hat sich der flach abfallende Sandstrand von Skála Kallonís zum Bade-, vor allem aber zum Segelparadies entwickelt. Es gibt allerdings ohne Zweifel bessere Badeplätze, deren Wasserqualität nicht so bedenklich ist.

Lesbos: Vaterá ◼ I 5
Mit Skála Eressoú die Sandstrand-Empfehlung schlechthin, zumal hier noch Ruhe herrscht.

Samos: Kokkári ◼ d 1, S. 75
Der lange Kieselstrand ist ein überaus beliebtes Pilgerziel der Pauschaltouristen. Wer es ruhiger will, braucht ein Moped und fährt Richtung Karlovássi.

Samos: Potámi ◼ b 1, S. 75
2 km westlich von Karlovássi befindet sich dieser doch weitgehend ruhige, grobkieselige Strand vor der eindrucksvollen Bergkulisse des Kérkis.

Samos: Psillí Ámos 1 ◼ f 2, S. 75
Östlich von Pythagório liegt dieser schönste Sandstrand im Inselosten, auch für Kinder gut geeignet.

Samos: Psillí Ámos 2 ◼ b 2, S. 75
Der zweite gleichnamige Strand auf Samos liegt im Westen der Insel, 3 km westlich des Urlaubsortes Voutsalakía. Auf dem Sandstrand ist FKK zwar erlaubt, aber dennoch wegen der vielen Familien nicht üblich.

MERIAN-TIP

Ausflüge mit dem Kaiki In jedem Touristenort mit Hafen gibt es während der Sommermonate kaikis, kleine Fischerboote, die einen Pendeldienst zu besonders lauschigen und schönen Buchten oder zu vorgelagerten kleinen Inseln einrichten. Oft ist im Fährpreis sogar ein Barbecue am Strand inbegriffen. Beliebte Ziele sind auf Chios die Reederinsel Inoússes, auf Lesbos die Küstenzone um den vom Land schwer erreichbaren Ort Tárti und auf Samos Samiopoúla und die Bucht Méga Seitaní.

Feste und Festspiele

Das größte Fest geben die Dörfer mit üppigen Gelagen zu Ehren ihres Kirchenpatrons. Aber auch sonst findet man auf den Inseln immer einen Anlaß zum Feiern.

An großen Feiertagen wie Mariä Entschlafung (15. August) zieht es die Inselbewohner nach draußen, unter die schattigen Olivenbäume am Strand oder an kleine »offizielle« Picknickplätze am Straßenrand. Draußen zu feiern ist ebenso beliebt wie das Treffen in Tavernen. Auch der Karneval wird in manchen Gemeinden festlich begangen. In Thymianá auf Chios wird sich am Faschingssonntag maskiert, es wird getanzt, und wenige Kilometer entfernt im Kámpos-Dorf Kalamonti findet eine historische Hochzeit statt. Das größte Fest aber ist in jedem Dorf das **Panagyri-Fest**, das Fest zu Ehren des Kirchenpatrons. Auf der Platía werden Holzkohlengrills aufgestellt, und nach den kirchlichen Zeremonien wird getanzt und getafelt. Am nächsten Morgen führt eine lange Prozession die Statue des Heiligen durchs Dorf. Ist das Geld noch nicht alle, trifft man sich am nächsten Morgen wieder. Die Festtage richten sich nach dem jeweiligen Schutzheiligen, liegen aber vermehrt in den Sommermonaten von Mai bis Oktober. Unter den staatlichen Feiertagen gilt der 11. November als besonderer Gedenktag zur Befreiung von der türkischen Herrschaft.

Ein großer Tag für alt und jung:
In jedem Dorf wird das Panagyri-Fest gefeiert.

Feste und Festspiele

Januar/Februar
Faschingssonntag
In Thymianá auf Chios wird der Fasching mit einem Maskentanz und einem Kostümfest gefeiert. Im Mésta hält ein »Richter« Gericht über die Dorfbewohner.

Mai/Juni
Fischerfest in Pythagório/Samos
An unterschiedlichen Terminen im Sommer stellen die Fischer von Pythagório ihren Fang der Dorfgemeinschaft zur Verfügung, der dann auch gleich vor Ort gegrillt und gefeiert wird, mit Ouzo und viel Musik.

Juli/August
Pferderennen und Volksfest
Immer zwei Reiter treten Ende Juli in Plomári auf Lesbos gegeneinander zum Wettstreit an. Abends dann folgen die großen Festlichkeiten mit Musik und Tanz.

Großes Ouzo-Festival
Die vier Ouzo-Brennereien von Mytilíni auf Lesbos laden Anfang August zum großen nächtlichen Umtrunk mit musikalischem Rahmenprogramm.

Kirchweih in Agíassos
Am 14. und 15. August feiert der in ganz Griechenland bekannte Wallfahrtsort Agíassos auf Lesbos die »Heilige aus Zion« nicht nur mit einer Prozession, sondern auch mit großem Kulturprogramm wie Tänzen, Ausstellungen und Theateraufführungen. Agíassos hat ein sehr engagiertes Laientheater.

Große Wallfahrt mit Prozession
Aus ganz Chios kommen die Gläubigen – alljährlich über 20 000 Pilger – am 22. bis 24. Juli zur Kirche Agía Markéla, dem wichtigsten Wallfahrtsort auf Chios, um im Andenken an die heilige Markéla zu beten – und abends zu feiern (→ MERIAN-Tip, S. 43).

September/Oktober
Pferderennen und Kirchweih
Am 26. Oktober trifft sich in Mória auf Lesbos die Dorfjugend zum sportlichen Pferderennen; die besten Leistungen werden prämiert. Zuschauer, »Aktive« und Freunde feiern dann gemeinsam beim abendlichen Festschmaus mit Musik und Tanz.

MERIAN-TIP

Das Stierfest auf Lesbos Das Fest von Mandamádos wird am zweiten Sonntag nach dem orthodoxen Ostern gefeiert. Dabei wird ein geweihter Stier geschlachtet, das Fleisch gesegnet und nach dem Gottesdienst verzehrt. Nach den Feierlichkeiten kommt es am zweiten Tag zu einem großen Pferderennen. Die auf Lesbos gefeierten Stierfeste sind heidnischen Ursprungs. Schon in dem alten Roman von Longus »Daphne und Chloe« wird davon erzählt. Und auf einer hölzernen Tafel aus dem 6. Jahrhundert v. Chr. findet man die Darstellung eines zum Opfer geführten Stieres. ■ K 2

Chios

Seit der Bronzezeit leben Menschen auf Chios, der Insel der Seligen, wie sie früher genannt wurde. Das Festland ist nur einen Steinwurf entfernt.

Chios
48 000 Einwohner
Karte → Klappe vorne

Chios ist anders: Ist es der spröde Charme der Inselbewohner oder die Einsamkeit im Norden und Osten der Insel? Oder ist es die üppige Fülle der Kámposgärten, deren Obst, Gemüse und Blumen an den Garten Eden erinnern? Auch die chiotische Geschichte, die es durchlitt, mag dazu beigetragen haben, daß die Insel eigenwillig blieb. Unter der osmanischen Herrschaft erhielt sie weitgehend ihre Freiheit, und sie war und ist eine der wohlhabendsten Inseln Griechenlands. Zum einen ist es auf die Gewinne aus der Mastix-Produktion zurückzuführen, zum anderen verdankt Chios seinen Wohlstand den vielen Seeleuten, die von hier in die ganze Welt gezogen sind. Ausgebildet werden sie in Iounoússis an einer privaten Schule für zivile Schiffsoffiziere. Aus Chios und Iounoússis stammen berühmte Reederfamilien, die bis heute die griechische Handelsflotte fest im Griff haben. Auch wenn sie in New

Schroff und schön präsentiert sich die Bucht von Mármaro dem Besucher. Hier ist nur im Juli und August etwas los – außerhalb der Hochsaison fällt der Ort wieder in seinen Dornröschenschlaf.

York, London oder Genf leben, investieren sie immer wieder in ihre Heimat, wie zum Beispiel der Reeder Chandris.

Dieser relative Wohlstand ist der Grund dafür, daß man sich bis heute wenig um den Tourismus gekümmert hat. Die bisherigen Anstrengungen spiegeln sich in der Anzahl der Hotelbetten: Gerade 17 000 sind auf der ganzen Insel registriert. Die Straßen aber waren schon immer gut ausgebaut und haben für griechische Verhältnisse fast schon Autobahnbreite. Dabei verbinden sie oft nur verlassene Dörfer und führen durch kaum besiedeltes Gebiet. Der aus Chios stammende Ministerpräsident Andreas Papandreou wird einiges für seine Heimat eingefädelt haben.

Die ganze Palette der Mastix-Produkte in einem Geschäft in Chios-Stadt

Der Wirtschaftsfaktor Mastix

Der genossenschaftliche Anbau der Mastix-Bauern bietet den Landwirten im Süden der Insel ein sicheres wirtschaftliches Standbein. Früher als Kaumittel im arabischen Raum äußerst begehrt, wird Mastix heute als Erfrischungs- und Würzsubstanz für Alkoholika, Zahnpasta oder Kaugummi, in der medizinischen Industrie und bei der Parfümgewinnung benötigt. Die Tatsache, daß der schon von den Osmanen so begehrte Mastix nur an der Südküste der Insel gedeihen konnte, war der Grund für die Freiheiten, die Chios während der türkischen Herrschaft genoß. Um so härter traf Chios während des Unabhängigkeitskampfes gegen die türkischen Herren auch deren Rache. Im Jahre 1822 schlug eine türkische Strafexpedition den Aufstand der Chioten blutig nieder, mehr als 30 000 Inselbewohner wurden getötet, über 40 000 gingen in die Sklaverei.

Karger Norden – fruchtbarer Süden

Der Norden ist karg und unfruchtbar, lange, fjordartige Buchten haben sich in den Fels gegraben. Die südliche Inselhälfte strotzt vor Fruchtbarkeit. Ein Landstrich dort, der Kámpos, ist von Zitrusplantagen und Gemüsegärten durchzogen, dazwischen große Gutshöfe. Auch die Mastix-Plantagen und die sehenswerten Mastix-Dörfer liegen hier im Süden.

Chóra/Chios

25 000 Einwohner
Stadtplan → S.37

Auf den ersten Blick wirkt die Stadt neu und ohne den orientalischen Charme der größeren Orte auf den Schwesterinseln. In den sechziger Jahren entstanden nämlich rund um das große Fähr- und Hafenbecken die ersten lieblosen Betonbauten, die immer zahlreicher wurden und auch die kahlen und steinigen Hänge der karstigen Berge im Rücken der Stadt hinaufkletterten.

Im 11. Jahrhundert v. Chr. gegründet, gehörte Chios seit dem 7. Jahrhundert v. Chr. bereits zu den wichtigsten und reichsten Stadtstaaten. Unter persischer Herrschaft beteiligte es sich an den Aufständen und trat dem attischen Seebund bei. Als 146 v. Chr. Chios an Rom fiel, hatte es politisch und wirtschaftlich schon seinen Höhepunkt überschritten. In den darauffolgenden Jahrhunderten spielte Chios keine bedeutende Rolle mehr.

Fremde Herrscher

Erst mit der Übernahme der Insel durch die genuesische Familie der Giustiniani 1346 begann ein neuer Abschnitt. Mit der Gründung ihrer Handelsgesellschaft, der »Maóna«, erlebte Chios eine neue wirtschaftliche Blüte. So gelang es der Insel auch während der türkischen Herrschaft, weitgehend ihre Selbständigkeit und wirtschaftliche Unabhängigkeit zu bewahren. Denn sie war schon im 17. Jahrhundert einziger Lieferant für das wichtige Mastix und gleichzeitig Handelsstützpunkt auf dem Weg nach Griechenland und Italien. Bis 1822 – dieses Datum vergißt kein Chiot. In diesem Jahr forcierte der griechische Freiheitskämpfer Lykoúrgos Logothétis den Aufstand auch auf der Insel Chios, was den türkischen Sultan Mahmud veranlaßte, den Racheakt an Zehntausenden von Chioten zu befehlen. 40 000 Inselbewohner starben, 50 000 flüchteten, und viele der auf Chios verbliebenen 30 000 Einwohner wurden verschleppt und drangsatiert. Knapp 60 Jahre später trug ein großes Erdbeben zur weiteren Zerstörung der Dörfer und der Insel bei. Heute lassen sich deshalb kaum noch ältere Gebäude in Chios finden.

Heute wieder Mittelpunkt

Ihre Hauptstadt nennen die Inselbewohner nach alter Gewohnheit immer noch Chóra, die »Stadt«, trotz amtlicher Umbenennung. Und immer noch hat sich in ihr viel kleinstädtisches, manchmal sogar dörfliches Leben bewahrt, obwohl Chios Verwaltungszentrale, Einkaufszentrum, einziger Fährhafen und mit seinem Flughafen auch Tor zum Festland ist.

Am Abend, wenn die große Fähre aus Lesbos anlegt, strömen die Chioten am Hafen zusammen. Man kommt hierher, selbst wenn man keinen Besuch erwartet, um beim Be- und Entladen zuzuschauen und sich noch einen letzten Ouzo zu gönnen.

Hotels/andere Unterkünfte

Chandris Hotel ▪ c 4
Unübersehbarer Neubau am Hafen, einladende Atmosphäre trotz abweisendem Äußeren, guter Service.
Prokiméa
Tel. 02 71/4 44 01
Fax 2 57 68
160 Zimmer
Obere Preisklasse

Diana ▪ b 3
Modernes Hotel in der Neustadt mit ordentlichen Zimmern, das auch gern von Geschäftsreisenden besucht wird.
Odós Venizélou 92
Tel. 02 71/4 41 80
Fax 2 67 48
51 Zimmer
Mittlere Preisklasse

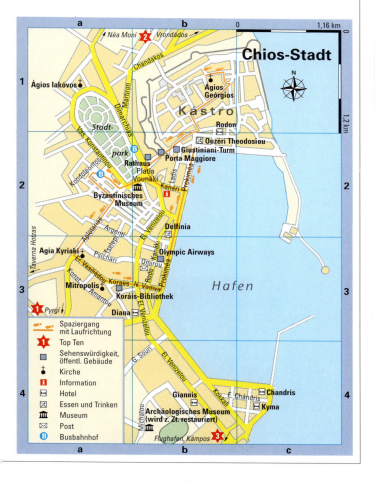

CHIOS

Giannis ■ b 4
Pension mit kleinen, freundlichen Zimmern und Küchenbenutzung.
Odós Livanoú 48–50
Tel. 0271/2 74 33
14 Zimmer
Untere Preisklasse

Golden Odysseys südlich ■ b 4
Luxushotel mit Pool, Bar, Schönheitssalon und dem einzigen chinesischen Restaurant der Insel.
Kontári
Tel. 02 71/4 17 09, Fax 4 17 15
72 Zimmer
Obere Preisklasse

Kyma ■ c 4
Alte, geschichtsträchtige chiotische Reeder-Villa.
Odós Eugen Chándris 1
Tel. 02 71/2 55 51, Fax 4 46 00
40 Zimmer
Mittlere Preisklasse

Rodon ■ b 1
Kleines Hotel im Altstadtviertel.
Odós Zachariou 17
Tel. 02 71/2 43 35
8 Zimmer
Untere Preisklasse

Spaziergänge

Vom Fährhafen schlendert man am **Prokiméa** genannten Hafenkai entlang, mit zahlreichen Cafés und Tavernen. Rechter Hand biegt man in die Odós Kanári ein, in der sich die Tourist Information (Nr. 11), aber auch, weiter oben, der städtische Busbahnhof befinden. Von der Odós Kanári gelangt man zur **Platía Vounáki** und zum **Stadtpark**. Auf der Platía wendet man sich nach links, orientiert sich am guterhaltenen Minarett der Moschee und kann schon einen ersten Blick auf die in ihrem Vorhof stehenden türkischen Grabsteine werfen. Ein orientalisch anmutendes Gewirr von Gassen und Seitenstraßen liegt nun vor einem, durch das man sich von Laden zu Laden hindurchschlängelt. Folgt man einer der Marktgassen nach links, trifft man auf die Haupteinkaufsstraße Odós Aplotarías, der man bis zur Odós Vasiliádou folgen

Treffpunkt Platía: Ein paar Stunden in trauter Männerrunde gehören für die Griechen zum Alltag.

CHÓRA/CHIOS

kann. Wendet man sich nun links in Richtung Hafen, so entdeckt man linker Hand versteckt die kleine Kapelle **Agía Kyriaki**, danach weithin sichtbar die aus dem 19. Jh. stammende Kirche **Mitropolis**, Sitz des Despoten von Chios. Wenige Schritte weiter stößt man auf die berühmte **Koráis-Bibliothek** am Hafen.

Für eine zweite Runde sollte man wieder in die Odós Kanári einbiegen und sich an ihrem Ende nach rechts wenden. Vor einem erhebt sich nun das martialische Stadttor der genuesischen Festungsanlage, die **Porta Maggiore**, durch die man in die **Altstadt Kástro** schreitet. Vorbei an den türkischen Grabsteinen und der alten, verfallenen Moschee gelangt man in der Odós Geórgiou zur gleichnamigen Kirche. Folgt man nun dem sich schlängelnden Verlauf, so erreicht man den Aufstieg zur Stadtmauer, auf der man rund um das Kástro-Viertel in Richtung Porta Maggiore zurückgehen kann. Ein zweiter Weg führt rechts über die alte Stadtmauer wieder zurück zum Fährhafen. Für beide Rundgänge brauchen Sie nicht mehr als zwei Stunden.

Sehenswertes

Kástro-Viertel ■ b 1/c 1
Das weit in die byzantinische Epoche zurückreichende Befestigungswerk umschließt die Altstadt. Verwinkelte Gassen, vergessene und zerstörte osmanische Relikte wie Grabsteine oder Brunnen, eine Moschee oder der zerstörte Hamam, dazu die oft spartanischen Wohnverhältnisse der im Kástro wohnenden Chioten lassen den Besucher eine Zeitreise zurück in die Vergangenheit erleben.

**Porta Maggiore und
Giustiniani-Turm** ■ b 2
Von den Genuesern errichtetes Stadttor, das in die befestigte Altstadt führt. Durchschreitet man das Tor, so sieht man rechter Hand ein Kerkerverlies, in dem im Jahre 1822 70 Aufständische auf ihre Hinrichtung durch die türkischen Besatzer warten mußten.

Dahinter schließt sich der aus dem 15. Jh. stammende Palastturm der Giustiniani an, in dem sich heute das Byzantinische Museum (→ S. 40) befindet.

MERIAN-TIP

Taverna Hotzas Richtig ausgiebig griechisch tafeln und doch vernünftige Preise zahlen? In Chios gibt es dafür eine Adresse: Hotzas, ein von Chioten wie auch von Ausländern gern besuchtes Restaurant mit eigener Ouzobrennerei und eigenem Retsina. Das in der oberen Stadthälfte gelegene Restaurant verwöhnt mit ausgezeichneter und teilweise ungewöhnlicher griechischer Küche, wie Jungziegenbraten oder exzellent zubereitetem Schwertfisch. Ebenso besonders ist die Atmosphäre. Odós Geórgios Kondyli 3, Tel. 02 71/2 31 17, Mo–Sa 20–24 Uhr, Mittlere Preisklasse
westlich ■ a 3

CHIOS

Museen

Archäologisches Museum ■ b 4
Wenig lohnendes und immer wieder geschlossenes Museum, mit chiotischen Kupferarbeiten, Keramiken, Plastiken und Büsten verschiedener Epochen.
Odós Michalou 5
Tel. 02 71/2 66 64
Di–So 9–15 Uhr
Eintritt frei

Byzantinisches Museum ■ b 2
Lohnende Ausstellung von byzantinischen und nachbyzantinischen Wandmalereien, Gemälden und Holzschnitzereien. Im ersten Stock beeindrucken die drei Bodenmosaiken aus dem 5. Jh.
Giustiniani-Turm
Di–So 9–15 Uhr
Eintritt frei

Byzantinisches Museum am Vounáki-Platz ■ b 2
Im Vorhof der Moschee, in der dieses Museum untergebracht ist, stehen Sarkophage und Grabsteine, im Inneren, das zur Zeit nicht besichtigt werden kann, hängt eine Kopie des Delacroix-Gemäldes »Das Massaker von Chios«.
Di–So 10–13 Uhr
Eintritt 500 Drs.

Koráis-Bibliothek ■ a 3
1886 errichtet, gilt die Sammlung – sie ist in einem der wenigen neoklassizistischen Bauten der Stadt untergebracht – als eine der größten Bibliotheken Griechenlands. Sie beherbergt in ihrem zweiten Stock auch Gemälde, Stiche sowie volkskundliche Exponate aus Chios.
Mo–Sa 8–14 Uhr
Eintritt frei

Essen und Trinken

Entlang der Hafenstraße liegen viele Restaurants, die in guter Qualität die beliebten Standards von Moussaka bis Kalamari anbieten.

Agrifoglio südlich ■ b 2
Nobles Ambiente, höhere Preise und gute italienische Küche.
Odós Stavrou Livanoú 2
Tel. 02 71/2 58 45
Mo–Sa 14–24 Uhr
Obere Preisklasse

Delphinia ■ b 2
Stilvoll und modern eingerichtetes Restaurant und Ouzéri, gutes griechisches Essen.
Prokiméa 36
Tel. 7 13 15
Tgl. 11–24 Uhr
Mittlere Preisklasse

Ausdrucksstark: Im Stadtpark von Chios sinniert der Freiheitsheld Konstantinos Kanáris als Bronzestatue. Das Denkmal wurde 1923 geschaffen.

Eve's ▪ b 2
Weißer Marmor vermittelt hier die Atmosphäre eines Nobel-Griechen.
Prokiméa
Tel. 02 71/4 16 14
Tgl. 11–24 Uhr
Mittlere Preisklasse

Ouzéri Theodosiou ▪ b 2
Direkt gegenüber der Fährenauffahrt liegt diese von allen Chioten als Top-Adresse geschätzte kleine Ouzéri.
Tgl. 14–24 Uhr
Untere Preisklasse

Einkaufen

Strogilou am Fährhafen ist der älteste Souvenirshop auf der Insel mit einem umwerfenden Angebot an Mastix-Produkten.

Wer Gefallen an einer griechischen Ikone gefunden hat, ist bei **Markos Tsampatos** in der Odós Vlastou (Tel. 02 71/2 04 66) an der richtigen Adresse. Auf Bestellung werden auch in den beiden Klöstern Ágios Minás und Ágios Konstantínou, beide im Kámpos, Ikonen gemalt.

Handgefertigte Puppen in traditionellen Kostümen mit kunstvollen Stickereien stammen aus der **Frauenkooperative** im nahe gelegenen Kallimassia, Tel. 02 71/5 11 89, tgl. 9–13 und 17–20 Uhr.

Am Abend

Die beliebtesten Diskotheken befinden sich außerhalb, und zwar das **B 52** und das **Sunrise** in Kontári. Wer gerne laute Musik hört und sich dabei gut gestylt zwischen die Jungen und Schönen von Chios begeben möchte, der muß nur die Hafenstraße entlanggehen. Welche der Disko-Bars gerade »in« ist, sieht man auf den ersten Blick.

Mehr hat das Nachtleben auf Chios allerdings nicht zu bieten. Das **Homera Cultural Center** in der Odós Polytechneiou veranstaltet jeden Sommer ein großes Kulturprogramm mit Ausstellungen, Theater- und Folkloredarbietungen. Informationen unter Tel. 02 71/4 43 91.

Service

Auskunft

Chios Tourist Office ▪ b 2
Odós Kanári 11
Tel. 02 71/4 43 89, Fax 4 43 43
Juni–Sept. Mo–Fr 7–14 und 18–21.30, Sa 9–13 und 18–20.30, So 10–13 und 19–21.30 Uhr; Okt.–Mai Mo–Fr 7–14 Uhr

Nel Lines ▪ b 2
Prokiméa
Tel. 02 71/2 39 71, Fax 4 13 19

Olympic Airways ▪ b 2
Prokiméa
Tgl. 8–16 Uhr
Tel. 02 71/2 45 15
Flughafenbüro
Tel. 02 71/2 39 98
Tgl. 6–23 Uhr

Stadtbusse (blau) ▪ b 2
Odós Dimarchias
(neben dem Rathaus)
Tel. 02 71/2 20 79

Taxi
Tel. 02 71/4 11 11

Tourist Police ▪ c 2
Prokiméa
(am östlichen Ende des Fährhafens)
Tel. 02 71/4 44 28

Überlandbusse (grün) ▪ a 2
Odós Kondoleontos
(südlich vom Stadtpark)
Tel. 02 71/2 75 07

Ausflugsziele im Norden

Agía Markéla ■ C 3

Die 7 km von Volissós entfernte Wallfahrtskirche ist der Inselpatronin von Chios, der heiligen Markéla, geweiht. Die dramatische Geschichte um das junge Mädchen, das sich vor den Übergriffen ihres Vaters in einen Dornenbusch stürzte, lockt jedes Jahr Tausende von Pilgern in den entlegenen Kirchenkomplex. Zunächst wurde das Mädchen von der heiligen Jungfrau durch einen sich öffnenden Erdspalt gerettet, doch konnte der grausame Vater sie bei den Haaren packen und köpfen. Der Leichnam des Mädchens wurde an Land gespült. Kurz darauf fand man auch den Kopf, der von den Dorfbewohnern unter dem Dornenbusch beigesetzt wurde. Der heiligen Markéla werden unzählige Wunder zugeschrieben. 80 Zimmer, die außerhalb der Wallfahrt auch an Reisende vermietet werden, stehen hier im Klostergebäude zur Verfügung. Jedes Jahr im Juli findet hier das wichtigste Wallfahrtsfest von Chios statt. Ein absolutes Muß für jeden, der zwischen dem 22. und 24. Juli auf der Insel verweilt.

Ágio Gála ■ C 2

Das seit dem Neolithikum besiedelte Dörfchen an den Hängen des Amaní-Gebirges weist mit über 7000 Jahren die längste Siedlungskontinuität der Insel auf. Eine kleine Tropfsteinhöhle, einstmals Ort heidnischer Kulte, ging nahtlos in den christlich-orthodoxen Kultus über. Neben dem Eingang zur Höhle steht die reichhaltig mit Fresken geschmückte Kirche der **Panagía Agiourgalóssena** aus dem 13. Jh.

Ágios Márkos ■ E 4

Einen besseren Aussichtspunkt hätten sich die ehemals aus dem Kloster Néa Moní stammenden Mönche für den Bau ihres kleinen Klosters nicht suchen können. Allein um am Abend einen wunderbaren Blick über die Kámpos-Ebene, Chios und bis hinüber in die Türkei nach Çesme zu genießen, lohnt sich die 10 km lange Fahrt von Chios zur Kapelle. Recht anheimelnd ist auch der Innenhof des kleinen Klosters, der aber oft verschlossen ist.

Anávatos und Avgónyma ■ D 3/D 4

Beides sind nur 4 km voneinander getrennte, mitten in einer wilden Berglandschaft gelegene Bauerndörfer, die heute weitgehend verlassen sind. Während in Avgónyma mit den beiden schönen Tavernen – sonntags gibt es hier Lamm- oder Zickleinbraten vom Holzkohlengrill – noch etwas Leben herrscht, so wirkt das nur noch von wenigen Alten bewohnte Anávatos bedrückend. In das kleine mittelalterliche Bergdorf zogen sich letztes Jahrhundert viele Chioten auf der Flucht vor den türkischen Truppen zurück – ohne Erfolg. Seitdem ist der Ort fast gänzlich verlassen.

Kambiá ■ D 2

Nach Gióssonas steigt die Straße in landschaftlich reizvoller Szenerie bis zum Bergdorf Kambiá an. Auf der Suche nach chiotischer Einsamkeit ist man an den rechten Platz gelangt. In Kambiá kehrt auch der Linienbus aus Chios zur Rückfahrt um. Lohnend ist von Kambiá aus ein Spaziergang auf den 1297 m hohen Pelinéo.

Kardámyla und Mármaro E 2

Kardámyla in einer fruchtbaren Senke am Fuße des Berges Óros und der angrenzende Hafenort Mármaro gehören zu den traditionsreichen Reederorten auf Chios. Jedes Jahr im Sommer kommt es hier zu einem großen Treffen der Reeder, die für wenige Tage auf ihre Heimatinsel zurückgekehrt sind und die Zeit für Geschäfte nutzen. Abgesehen von diesem internationalen Gipfeltreffen der Handelsflotte nimmt Kardámyla inzwischen auch einen leichten touristischen Aufschwung. Geeignet dafür sind die nahen Buchten mit Kieselstränden bei **Nágos** und **Gióssonas**. Das ersehnte kosmopolitische Flair aber fehlt.

Hotels

Chiona
Kleines Hotel mit Bar und Restaurant.
Kardámyla
Tel. 02 72/2 33 62
16 Zimmer
Mittlere Preisklasse

Kardámyla
Direkt am Strand gelegenes Hotel mit Bar, Restaurant und einem schönen Blick auf die Mármaro-Bucht.
Kardámyla
Tel. 02 72/2 23 78, Fax 2 33 53
32 Zimmer
Obere Preisklasse

Service

Antarios Tours
Auto- und Motorrollerverleih.
Mármaro
Tel. 02 72/2 34 56

Langáda E 3

Recht malerisch liegt der kleine Ort an einer tiefen Einbuchtung, die sich zur vorgelagerten Insel **Inoússes** hin öffnet. Gemütliche Cafés, Tavernen und Restaurants reihen sich am ruhigen Hafen, die gegenüberliegende Landzunge mit kleinem Pinienwäldchen eignet sich zum Baden. Von Langáda aus setzen in den Sommermonaten kleine Fischerboote für Tagesausflüge zur Insel Inoússes über. Privatzimmer werden angeboten.

MERIAN-TIP

Fest der Markéla Das größte Fest auf Chios wird jedes Jahr vom 22. bis 24. Juli in einer großen Wallfahrt und Prozession gefeiert, zu der fast die ganze Insel unterwegs ist. Es ist mit Abstand das wichtigste Inselfest, zu dem ein großer Markt rund um die Wallfahrtskirche Agía Markéla (→ S. 42) aufgebaut wird. Am Abend wird getanzt und getafelt, und weil eigentlich nur Griechen zum Markéla-Fest kommen, sind die Preise zivil und angemessen. ■ C 3

Unterkunft

P. Chaviaras, Tel. 02 71/7 45 36
3 Zimmer
E. Kalagia, Tel. 02 71/7 46 37
4 Zimmer

Essen und Trinken

Fischtavernen in Langáda ■ E 3
→ MERIAN-Tip, S. 21

Nefeli
Lebhafte, am Hafen gelegene Pizzeria mit Musikklub, die gern auch als Ausflugslokal besucht wird.
Tel. 02 71/7 45 22
Mittlere Preisklasse

Paradeisos
Ebenfalls am Hafen gelegene Fischtaverne, beliebt bei Einheimischen.
Tel. 02 71/7 42 18
Mittlere Preisklasse

Mersinídiou-Kloster ■ E 3

Die aus dem letzten Jahrhundert stammende kleine Klosteranlage, in der heute noch fünf Mönche leben, ist weniger von kunsthistorischem Interesse. Sie lockt vielmehr wegen ihrer besonders malerischen Lage über dem blauen Meer.

Néa Moní ■ E 4

Zurückgezogen in einem Seitental des Landesinneren, vor Seeräubern und heidnischen Truppen durch Olivenbäume und Föhren geborgen, liegt das wichtigste Kulturdenkmal der Insel, das Kloster Néa Moní. Gegründet wurde es der Legende nach von drei Mönchen, die sich nach mehreren Visionen hierher zurückgezogen hatten und kurze Zeit später dem auf Lesbos lebenden Prinzen Monomachos weissagten, er werde einst den Kaiserthron in Konstantinopel besteigen. 1042 n. Chr. wurde er Kaiser Konstantin IX. Daraufhin ließ Monomachos das Kloster errichten und von Kunsthandwerkern aufs prächtigste ausschmücken. Nach dem Erdbeben 1881 waren Kirche und Kloster stark beschädigt, wurden aber wieder aufgebaut. Die gleich einem Verteidigungsring die Klosteranlage umspannende Mauer stammt aus dem 18. Jh.

Die aus der Gründungszeit datierenden Mosaiken im Inneren der Klosterkirche gehören trotz ihrer starken Beschädigungen durch das Erdbeben zu den bedeutendsten Beispielen byzantinischer Kunst in ganz Griechenland. Im ehemaligen Refektorium ist ein kleines Museum untergebracht (8–13 Uhr, Eintritt frei). In einem Seitenturm sind in einer Vitrine die Gebeine und Schädel der Mönche verwahrt, die im Zuge des türkischen Massakers 1822 von den osmanischen Truppen ermordet wurden. Rund um den Klosterkomplex kann man noch die Reste der alten Wohn- und Pilgerunterkünfte sowie die letzten Bögen eines Aquäduktes erkennen (→ Routen und Touren, S. 94).
Tgl. 7–13 und 16–20 Uhr
Eintritt frei

Pantoukiós ■ E 3

Wer nach Pantoukiós fährt, möchte auf den weit außerhalb gelegenen Campingplatz, an einer malerischen Bucht mit einer kleinen Kapelle gelegen. Auf ein eigenes Auto ist man hier allerdings unbedingt angewiesen.

Unterkunft

Chios Camping
72 Stellplätze, kleiner Supermarkt, Bar und Restaurant.
Tel. 02 71/7 41 11 oder 7 41 12

Tris Mílis
■ E 3/E 4

Drei Windmühlen auf einer kleinen Felsenzunge, die an der nördlichen Ausfallstraße von Chios-Stadt liegt, gaben dem heutigen Vorort seinen Namen. Auf der anderen Straßenseite liegen die Ruinen der **alten Gebereien**. Eine kleine Straße führt den Hang hinauf zu den Resten der frühchristlichen Basilika **Ágios Issídoros**.

Volissós
■ D 2/D 3

Berühmt ist der von einer genuesischen Festung (sie kann leider wegen Baufälligkeit nicht besichtigt werden) bewachte Bergort aufgrund seines Anspruchs, der Geburtsort des antiken Dichters Homer zu sein. Immerhin ist gesichert, daß Homer, wenn auch nicht auf Chios geboren, doch mehrere Jahre auf der Insel lebte. Über diese historische Begebenheit hinaus hält das Städtchen nichts Interessantes bereit, so daß man zu einem der beiden Häfen **Limniá** und **Límnos** weiterfahren kann. Von Límnos aus verkehren in den Sommermonaten auch Fähren zur benachbarten Insel Psará.

Vrondádos
■ E 3

Der mit Chios nahtlos zusammengewachsene Vorort Vrondádos bemüht sich im Moment, mit dem Bau eines Yachthafens etwas Leben an die nordwestliche Inselküste zu bringen.

Als **Daskalópetra**, den Stein des Lehrers, bezeichnet man die mageren Reste eines der Göttin Kybele geweihten Altars, an dem man mit etwas Mühe noch die typischen Löwenpfoten am Altarfuß erkennen kann. Die örtlichen Verantwortlichen und Homer-Freunde hören aber lieber, daß der griechische Dichter hier vor seinen Schülern rezitiert habe. Wenn der Stein auch nicht von herausragendem historischem Interesse ist, so eignet er sich dennoch mit den schattigen Olivenbäumen und dem schönen Meerblick als romantischer Picknickplatz.

Unbedingt sehenswert:
Das Kloster von Néa Moní birgt
Meisterwerke byzantinischer
Mosaik-Kunst.

CHIOS

SEHENSWERTE ORTE UND AUSFLUGSZIELE

Ausflugsziele im Süden und in der Mastichochoría

Die mittelalterlichen Wehrdörfer im Süden der Insel, die wegen ihres Mastix-Anbaus schon immer eine bevorzugte Position innehatten, sind einen Abstecher ins Inselinnere wert. Die verteidigungstechnisch optimierte Anlage der Dörfer ist eine architektonische Besonderheit der Insel. Der nur hier auf Chios wachsende und vor allem in der türkisch-arabischen Welt früher so begehrte Kaumastix bildete einst die Grundlage eines bescheidenen lokalen Wohlstandes.

Bereits im alten Ägypten war Mastix neben Weihrauch bei Kultzeremonien besonders begehrt. Wie der Weihrauch behielt auch Mastix in den folgenden Kulturepochen seine Bedeutung bei kultischen Handlungen und als Heilmittel, sei es nun bei den Griechen, den Römern oder im christlichen Kulturkreis. In der arabischen Welt war der Mastix-Strauch (Pistacia Lentiscus) als Kaumittel beliebt. Darüber hinaus soll Mastix eine aphrodisierende Wirkung besitzen.

Heute geht ein Großteil der Mastix-Produktion (30 t) nach Saudi-Arabien. Besonders aufwendig ist die Pflege und Kultivierung des Mastix-Strauches. Erst nach etwa zehn Jahren sind die qualitativ besten Erträge zu erwarten. Das Harz wird gewonnen, indem ab Mitte Juni die Stämme angeritzt werden, woraus es sich dann in kleinen Tränen absondert und mühsam aufgesammelt werden muß. Anschließend folgt die Handauslese nach Größe und Qualität. Mastix findet sich u. a. in Lacken und Farben, Kosmetika, medizinischen Produkten, Zahnpasta, Kaugummi und Lebensmitteln.

Armólia ■ D 5/E 5

Kleiner Ort an der Hauptstraße von Chios nach Pyrgí, der neben dem Mastix-Anbau auch als Töpferort bekannt ist. Entlang der Dorfstraße finden sich mehrere Keramikläden, die buntglasierte Tonwaren anbieten.

Emporiós ■ D 6

Der fast an der Südspitze liegende ehemalige Hafen der Mastichochoría wird besonders gerne wegen seines schwarzen Strandes besucht. Der bekannteste Strandbezirk ist **Mávra Vólia**, wenige hundert Meter vom Hafen Emporiós entfernt, zu dem vom Hafen aus eine kurze Teerstraße führt. Eine weitere Badebucht mit Lavakies kann nur über einen Fußweg erreicht werden. Die kleinen Badebuchten sind vor allem in Sommer überfüllt. Am Hafenkai befinden sich einige empfehlenswerte Fischtavernen. Unterkünfte sind auch hier am besten vor Ort zu suchen, die »Room to let«-Schilder dabei sichere Helfer.

Eine Wanderung an die Südspitze der Insel nach Dotiá und zum Leuchtturm ist eine nette Abwechslung für alle, die dem Strandleben etwas entgegensetzen wollen.

Hotels/andere Unterkünfte

Kampa Studio
Vier Apartments mit Küche und Bad, etwas zurückgesetzt vom Hafen.
Tel. 02 71/7 14 22
Mittlere Preisklasse

To Venetiko
Direkt am Hafen und über der gleichnamigen Taverne gelegen, weshalb es manchmal etwas laut werden kann.
Tel. 02 71/7 11 36
Untere Preisklasse

Kámpos

■ E 4

TOP TEN 3

Südlich von Chios-Stadt erstreckt sich auf einer etwa 20 qkm großen Fläche der Kámpos, eine schon fast tropisch fruchtbare und im Frühjahr üppig blühende Schwemmlandebene. (Kámpos nennen die Griechen ein Feld oder auch eine fruchtbare Ebene.)

Zunächst als Ausflugsresidenzen mit Sommersitzen und großen Latifundien, errichteten sich hier genuesische Handelsfamilien, später die zu Wohlstand gekommenen chiotischen Familien, herrschaftliche Gutssitze, die in ihrer Bauweise nicht der Inselarchitektur, sondern den italienischen Vorbildern nacheiferten. So entstanden Villen mit Freitreppen und Säulengängen, mit Kieselmosaiken gepflasterte Innenhöfe und Brunnenanlagen mit großen Schöpfrädern, alles versteckt hinter mannshohen Sandsteinmauern. Viele der einst gepflegten Plantagen sind, seitdem woanders billiger produziert werden kann, verwildert. Ein kaum zu durchschauendes Labyrinth von kleinen Fahrwegen führt hindurch, die auch gut mit dem Fahrrad zu erkunden sind.

Kulinarische Abwechslung verspricht das für seine Gemüsegerichte und ausgezeichnete Küche bekannte Gartenrestaurant **Perivoli**.

Mußevolle Beschäftigung für die stillen Herbsttage: Mandelschälen.

Hotels/Essen und Trinken

Perivoli
Kleines Hotel in einer renovierten Kámpos-Villa, rund 5 km außerhalb an der Straße nach Pyrgí. Beliebtes Ausflugslokal.
Odós Argentí 9–11
Tel. 02 71/3 15 13 oder 3 20 42
Fax 3 20 42
9 Zimmer
Mittlere Preisklasse

Grecian Castle
Die aus fünf Gebäuden bestehende, ganzjährig geöffnete Hotelanlage vereint den typisch chiotischen Stil der Kámpos-Villen mit den Annehmlichkeiten eines modernen, komfortablen Hotels der oberen Preisklasse.
Tel. 02 71/4 47 40, Fax 4 40 52
54 Zimmer
Obere Preisklasse

Karfás

■ E 4

Der einzig nennenswerte Strandbereich von Chios liegt rund 6 km südlich der Inselmetropole. Die einzelnen, meist sandigen Strände ziehen sich dabei von Karfás bis zur Bucht von **Mégas Limiónas**. Zunehmend verlagert sich das Strandgeschehen weiter südwärts. Auch in den südlich gelegenen Orten **Agía Fotíni** und **Katarráktis** können Sie wohnen, Privatzimmer oder Apartments sind überall zu bekommen.

Hotels/andere Unterkünfte

Benovias Apartments
Kleine Apartmentanlage mit Kochmöglichkeiten, nur wenige Schritte vom Sandstrand entfernt.
Tel. 02 71/3 14 57
8 Apartments
Mittlere Preisklasse

Golden Sand
Gehobenes Hotel mit Swimmingpool, Restaurant und Ballsaal direkt am Strand von Karfás.
Tel. 02 71/3 20 80/81, Fax 3 17 00
74 Zimmer
Obere Preisklasse

Poseidon
Neue Bungalowanlage mit Bar, Café und Swimmingpool – nur 100 m vom Strand entfernt.
Tel. 02 71/3 22 41–43, Fax 3 12 97
32 Zimmer
Mittlere Preisklasse

Markos' Place
→ MERIAN-Tip, S. 17

Liménas D 5

Chios ist eine stille und ruhige Insel. Und wem selbst Chios zu lebhaft und voller Trubel ist, der mag sich nach Liménas zurückziehen. Hier ist absolut nichts los, vorwiegend private Zimmer gibt es auf Nachfrage vor Ort. Das große Plus von Liménas: Man wandert zu den einsamen, landschaftlich schönen Felsstränden der Westküste und genießt einfach die Ruhe und Stille.

Mestá ■ D 5

11 km westlich von Olympi liegt das trutzige Dörfchen Mestá, das wie kein zweites einen Einblick in die mittelalterliche Dorfstruktur der Mastichochoría bietet. Es ist das trutzigste, wehrhafteste und schönste Dorf im ganzen Süden und gleicht am Abend einer romantischen Opernkulisse. Verwinkelte Seitenwege und Gassen führen zum Hauptplatz mit der Kirche und der besonders empfehlenswerten Taverne **O Mórias sta Mestás**. Für alle, die sich im Gewirr der Gassen verloren glauben, weist das blaue Schild »Exodus« den Weg nach außen.

Olympi ■ D 5

Neben Pyrgí und Mestá ist auch dieses eines der zentralen und ursprünglichen Mastix-Dörfer. Die äußeren Häuser bilden eine nahezu geschlossene Stadtmauer, in deren Wand erst nach und nach kleine Fenster gehauen wurden. Gut erhalten ist auch noch die zentrale Fluchtburg in der Dorfmitte. Die Untergänge und übermauerten Gassen sind nicht ganz so zahlreich und labyrinthisch wie in Mestá. Die Häuser von Olympi sind nicht verputzt, nur einzelne sind mit **Xistá**, dem Kratzputz an den Fassaden, versehen. Wegen der Entfernung zum Meer wird Olympi meist nur in einem Tagesausflug besucht.

Panagía Krína ■ E 4

Die Klosterkirche (12. oder 13. Jh.) liegt westlich der Straße Chios–Armólia, verborgen zwischen den Olivenhainen, nahe dem Dorf Vavíli. Von seinem Äußeren lehnt sich die Kirche mit den zwei Kuppeln an den Hauptbau des Klosters Neá Moní an. Im Inneren wurden Fresken gefunden, deren älteste aus dem 13. Jh. stammen und im Palast der Giustiniani in Chios zu sehen sein werden, wenn dieser restauriert worden ist. Das Kircheninnere kann nicht besichtigt werden.

Pyrgí ◼ D 5
1200 Einwohner

Der Hauptort der Mastix-Dörfer ist gleichzeitig die interessanteste Siedlung im Inselsüden. Besonders die Häuser auf der Platía und im Zentrum sind über und über mit **Xistá** geschmückt. Die meist geometrischen und floralen Dekors werden kurz nach dem Auftragen eines weißen Kalkputzes auf den dunklen Lavaputz wieder ausgeschabt oder gekratzt, so daß die dunkle Lavaschicht wieder hervortritt. Woher genau diese Methode stammt, die seit der zweiten Hälfte des 19. Jh. angewandt wird, ist bis heute nicht geklärt. In Pyrgí, gleichzeitig auch Zentrum der lokalen Mastix-Produktion, ist der wehrtechnische Charakter des einstigen Dorfes gegenüber diesen traditionellen »Graffiti« bei den Besuchern weitgehend in den Hintergrund getreten. Dabei kann man hier noch die Reste der alten Fluchtburg erkennen. Wie richtige Burgen schirmten sich die Dörfer der Mastichochoría gegen außen ab und drängten ihre Häuser so dicht aneinander, daß der äußere Ring eine geschlossene Stadtmauer ergab. Innen befindet sich ein Gewirr von verwinkelten Gassen und nahe der Platía die fast quadratische Fluchtburg.

Ein absolutes Muß ist der Besuch der Kirche **Agía Apóstoli** aus dem 14. Jh. Man erreicht das kleine, gänzlich mit Fresken geschmückte Gotteshaus über einen ca. 15 m langen Tunnelgang. Am besten erhalten ist ihre Kuppel mit dem Bildnis des »Christus als Pankrator«, dem Herrscher über alle Welten.

Unterkunft

Die **Frauenkooperative von Pyrgí** bietet Privatzimmer im Rahmen des EU-Programms »Urlaub auf dem Bauernhof« an.
Tel. 02 71/7 24 96
Untere Preisklasse

Einer der schönsten Dorfplätze Griechenlands: Die Platía von Pyrgí mit ihren wunderbar verzierten Häusern ist ein touristischer Anziehungspunkt par excellence.

LESBOS

Willkommen auf der drittgrößten Insel Griechenlands, wo einst Daphnis und Chloe als Bauernkinder aufwuchsen.

Lesbos

83 000 Einwohner
Karte → Klappe hinten

Wie viele andere ihrer Schwestern in der Ägäis hat auch Lesbos zwei Gesichter. Im grünen Osten erstrecken sich ausgedehnte Olivenhaine, die neben der Fischerei für einen beachtlichen Wohlstand auf der Insel gesorgt haben. Die oft uralten Olivenbäume sind die Grundlage dafür, daß auf Lesbos nicht ganze Dörfer verwaist sind oder die Männer – wie auf Chios – ihr Geld als Seeleute verdienen müssen. Über elf Millionen Olivenbäume stehen auf Lesbos und bringen einen Ertrag von rund 20 000 Tonnen Öl im Jahr. Lesbos steht damit an zweiter Stelle der innergriechischen Ölproduzenten. Im vulkanisch geprägten Westen, dessen karstige Landschaft wenig Raum läßt für Landwirtschaft, locken ausgedehnte Sandstrände immer mehr Touristen an. Zwischen 15 000 und 20 000 Gäste kamen jeweils in den vergangenen Jahren. Wohl am bekanntesten ist das einstige kleine Fischerstädtchen Molyvos im Norden der Insel. Mytilíni, die Hauptstadt der Insel, ist das Handelszentrum und Anlaufpunkt der großen Fähren.

Im Museum für Moderne Kunst in Varía (→ S. 70) wurde dem einheimischen Maler Theófilos ein Denkmal gesetzt.

Molyvos

1700 Einwohner

Obwohl die Strände eher durchschnittlich sind, haben es zwei Orte, Molyvos und das sieben Kilometer entfernte Pétra (→ S. 58), geschafft, zu den bekanntesten Pauschalzielen auf Lesbos zu werden. In Pétra entstand 1983 die erste eigenständige Frauenkooperative in ganz Griechenland. Molyvos ist berühmt für seine besonders malerische Dorfanlage.

Mithymna, so der alte Name von Molyvos, bildete zusammen mit Mytilíni das Rückgrat der Insel im weitreichenden Handel mit Kleinasien und dem griechischen Festland. Als im 11. Jahrhundert Lesbos als Mitgift an die genuesische Familie der Gattelusi fiel, erkannten diese die strategisch bedeutsame Position und ließen die Burg errichten. Das mittelalterliche Städtchen war auch schon damals landwirtschaftliches Zentrum; die mit Olivenhainen bestandenen Berghänge des Lepétimnos bestimmten das Bild – und heute den Wohlstand auf Lesbos.

Alltag mit und ohne Gäste

Molyvos ist im Hochsommer oft ausgebucht, doch in der Vor- und Nachsaison kann man zu vernünftigen Preisen in seinen Hotels logieren. Abseits der beiden genannten Orte lebt man im lesbischen Norden noch ein von der Landwirtschaft geprägtes Leben. Die meisten Menschen hier sind (Oliven-)Bauern und Fischer, die in den Sommermonaten auch Zimmer vermieten. Mit 1700 Einwohnern ist Molyvos höchstens ein Dorf zu nennen, doch im Sommer multipliziert sich diese Zahl mit einigen tausend Urlaubern, nicht mitgezählt all diejenigen, die nur für einen Tagesausflug kommen. Seit einigen Jahren sind 8000 Übernachtungen pro Tag die Regel.

Entwicklung zum Ferienzentrum

Mit Aufkommen des Sommertourismus nahm die Entwicklung im verschlafenen Molyvos eine entscheidende Wende. Schon 1956 gelang es den Dorfverantwortlichen, Molyvos unter Denkmalschutz zu stellen. Bereits mit Beginn der sechziger Jahre wurde es zum beliebten Treff von Künstlern und Intellektuellen, aber das Geschäft setzte erst richtig zu Beginn der achtziger Jahre ein.

Trotz der seit Jahren steigenden Zahl der Touristen strahlt Molyvos immer noch eine geruhsame Atmosphäre aus, abgesehen vom lauten Hafenrummel. Denn bisher fehlen die großen, betriebsamen Ferienanlagen. Die Urlauber wohnen in Fremden- und Hotelzimmern im Ort, der mit seiner malerischen Lage hoch oben auf dem Berg das Postkartenmotiv Nummer eins von Lesbos ist.

Die landschaftlich schöne Umgebung von Molyvos, besonders um den Berg Lepétimnos, lädt zu ausgedehnten Wanderungen ein.

Hotels/andere Unterkünfte

Die Kapazität von gut 5000 Betten reicht im August mit etwa 8000 Übernachtungen pro Tag nicht mehr aus.

Adonis
Außen plätschert ein beleuchteter Springbrunnen und macht so auf das kleine, saubere Hotel am Ortseingang aufmerksam.
Tel. 02 53/7 18 66, Fax 7 16 36
20 Zimmer
Mittlere Preisklasse

Delfinia
Großes Ferienhotel mit eigenem Strand, Meerwasserpool, drei Tennisplätzen, einem Basketballplatz, Restaurant und Snack-Bar. Rund 500 m vom südlichen Dorfeingang entfernt an der Straße Richtung Pétra gelegen, genießt man von manchen Zimmern einen ausgesprochen malerischen Blick auf Molyvos. Ganzjährig geöffnet.
Tel. 02 53/7 13 13 oder 7 15 80
Fax 7 15 24
65 Hotelzimmer, 57 Zimmer in Bungalows
Obere Preisklasse

Olive Press
Direkt am Strand gelegene, kleine, aber feine Hotelanlage mit eigenem Tennisplatz, Badesteg und Restaurant. 10 % Rabatt ab einer Woche Buchung.
Tel. 02 53/7 16 46 oder 7 12 05
Fax 7 16 47
41 Zimmer
Obere Preisklasse

Sun Rise Hotel
Neuerbautes, etwas außerhalb liegendes Hotel im Bungalowstil auf dem Weg nach Eftaloú mit Pool und Tennisplatz.
Tel. 02 53/7 17 13 oder 7 17 70
Fax 7 17 91
50 Zimmer
Obere Preisklasse

Campingplatz Molyvos
Ca. 2 km außerhalb der Stadt auf dem Weg nach Eftaloú.
Tel. 02 53/7 10 79 oder 7 11 69
Geöffnet vom 1. Mai–1. Okt.

Zeit für die Siesta: In der Mittagshitze wird es selbst rund um den sonst so belebten Hafen ruhiger.

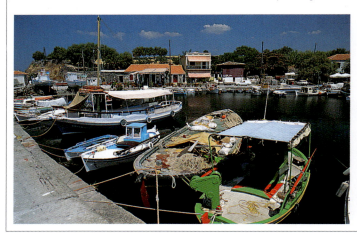

Sehenswertes

Besuchenswert ist die genuesische Festung **Kástro** der Gattelusi, die das italienische Adelsgeschlecht auf ihren Grundmauern aus dem 11. Jh. erweiterte. Erhalten sind die Festungsmauern; im Innenhof finden während der Sommermonate Freilichtkonzerte und Theateraufführungen statt. Phantastisch ist der Blick vom Kástro über die Dächer auf die Bucht von Molyvos. Das kleine **Archäologische Museum** in den unteren Räumen des Rathauses beherbergt (Di–So 8.30–15 Uhr, Eintritt frei) wenige archäologische Fundstücke. Versteckt in der Hauptgasse Agora liegt die **Pinakothek** (Di–Fr 9–14 Uhr, Eintritt frei), eine Galerie mit wechselnden Ausstellungen.

Essen und Trinken

Besonders empfehlenswert sind vor allem die Hafenrestaurants, wobei das Lokal **O Stratos** auch von Einheimischen bevorzugt wird.

Melinda
Von einer Australierin geführtes Speiserestaurant, das nicht nur griechische, sondern auch italienische und indische Küche offeriert.
Odós Agora
Obere Preisklasse

To Ochtapodi
Am Hafen gelegene Taverne mit einem breiten Angebot an traditioneller Inselküche.
To Limáni
Mittlere Preisklasse

Taverna Vafiós
Auf dem Weg nach Vafiós liegt das Gartenrestaurant, in dem noch ursprünglich griechisch gekocht wird.
Tel. 02 53/7 17 52
Mittlere Preisklasse

Service

Auskunft

Tourist Information
Hauptstraße, am Ortseingang
Tel. 02 53/7 13 47
Mai bis Okt. tgl. 9–13 und 14.30–20 Uhr

Notruf
Polizei
Tel. 02 53/7 12 22

Taxi
Tel. 02 53/7 12 85 oder 7 12 36

Ausflugsziele im Nordwesten

Ánaxos ■ I 2

Kleiner Badeort, der vom Ruhm des 10 km entfernten Molyvos zehrt und eine etwas billigere Alternative zu Molyvos und Pétra ist. Neben einigen Apartments und Studios sind es vor allem die vielen kleinen Privatunterkünfte in ländlichen Gärten, die das Ortsbild bestimmen.

Ántissa ■ H 3

Am Fuße des Ordimnos gelegen, ist Ántissa wichtiges wirtschaftliches Zentrum im Westen der Insel und beliebter Zwischenhalt auf dem Weg nach Skála Eressoú oder nach Sígri. Am Ortsschild wird man schon auf den schönen Hauptplatz hingewiesen, und kaum wendet man das Auto in den Gassen, so zeigen einem die am Straßenrand sitzenden Männer schon den Weg. Im Schatten dreier riesiger Platanen finden Sie Tavernen, davor die alten Dorfbewohner und nicht zuletzt den Barbier von Ántissa in seinem wunderbaren Salon.

Archeá Ántissa ■ H 2

Die Ruinen der antiken Stadt Ántissa sind über einen recht holprigen Fahrweg (beschildert) von Gavathás aus zu erreichen. Im Frühjahr führt der Fluß Voulgáris, den man dabei überqueren muß, zeitweise so viel Wasser, daß man durchaus darin stecken bleiben kann. Es empfiehlt sich bei einem höheren Wasserstand, zu Fuß weiterzugehen.

Ántissa war einer der frühen Siedlungsorte und lange Zeit auch neben Mytilíni und Mythimna eine der Hauptsiedlungen des antiken Lesbos. Es wurde im 2. Jh. v. Chr. durch römische Truppen zerstört. Von der alten Stadtanlage, die in den dreißiger Jahren freigelegt wurde, ist leider wenig erhalten geblieben.

Eftaloú ■ I 1

Die kleine Thermalquelle von Eftaloú liegt unmittelbar am Strand und ist nur über einen neugebauten Hotelzugang zu erreichen. In einem typischen winzigen Kuppelbau sprudelt das Heißwasser ins Badebecken, dessen Ablauf direkt ins Meer fließt. Hinter der Thermalquelle liegen noch einige schöne Badebuchten, die etwas mehr Kiesstrand aufweisen als die spartanischen zwei Meter von Molyvos. Wegen der begrenzten Anzahl der Becken ist eine vorherige Anmeldung sinnvoll. Eintritt 300 Drs.

Eressós und Skála Eressoú ■ G 4

Während der Hauptort Eressós vorwiegend als landwirtschaftliches Zentrum von Bedeutung ist, zieht es die meisten Inselbesucher direkt an den Strandort Skála Eressoú. Ursprünglich war Skála Eressoú ein Pilgerziel, denn hier soll sich der Überlieferung nach die lesbische Dichterin Sappho aus verschmähter Liebe zu dem Jüngling Phaon vom Felsen in den Tod gestürzt haben. Zu Beginn des 6. Jh. v. Chr. war Lesbos mit dem kriege-

TOP TEN 5

Auch in der Hochsaison ist der Strand von Skála Eressoú nicht überlaufen.

rischen und zechenden Dichter Alkaios und der lyrischen Dichterin Sappho Zentrum der aufkeimenden griechischen Dichtkunst. Das antike Eressós gilt als ihr Geburtsort. Als die tragende aristokratische Schicht im Zuge der Tyrannisherrschaft aus Lesbos verbannt wurde, ging Sappho zeitweise nach Sizilien ins Exil. Verwoben mit dem Götterkult um Aphrodite und Eros, versammelte sie nach ihrer Rückkehr eine Schar junger Mädchen um sich, um sie zu unterrichten. Ihre vorwiegend von religiösen und kultischen Motiven getragene Gemeinschaft wurde seitdem recht verzerrt dargestellt. Spätere Autoren nahmen oftmals Anstoß an den für sie unmoralischen Themen der erosgetragenen Sappho-Lyrik und trugen sehr dazu bei, daß das bedeutende literarische Vermächtnis der Dichterin durch die Hervorhebung ihrer gleichgeschlechtlichen Neigung in den Hintergrund gedrängt wurde. Viele ihrer lyrischen Werke wurden deshalb nicht weiter übertragen und gingen verloren. Heute sind leider nur noch wenige Fragmente der Originaltexte vorhanden. Auch der griechische Dichter Theophrast wurde 372 v. Chr. in Eressós geboren.

Die magische Anziehung der Dichterin Sappho – plus dem langen Sandstrand – förderten anfangs einen einfachen, wenig kommerziellen Tourismus. Inzwischen haben sich Restaurants, Tavernen und Bars angesiedelt, und in den wenigen Straßen des Ortes hat fast jedes Haus Zimmer zu vermieten.

Hotels/andere Unterkünfte

Aeolian Village
Von Pauschaltouristen gebuchte, teilweise noch im Bau befindliche Luxus-Bungalowanlage ca. 1 km außerhalb des Ortes, dafür direkt am Strand.
Tel. 02 53/5 34 19 91, Fax 5 34 19 92
128 Wohneinheiten
Obere Preisklasse

Mascot
Nur wenige Schritte vom Sandstrand entfernt, betreibt Kostas sein kleines Hotel mit Frühstück.
Tel. 02 53/5 31 42 oder 5 35 20
10 Zimmer
Untere Preisklasse

MERIAN-TIP

Skála Sykaminías 10 km entfernt von Molyvos und über Eftaloú oder mit dem Boot vom Wasser aus zu erreichen liegt dieser kleine Fischerhafen. Hier schrieb der aus Lesbos stammende Schriftsteller Strátis Myrivílis den Roman »Die Madonna mit dem Fischleib«, in dem die kleine Hafenkapelle eine wichtige Rolle spielt. Der malerische Hafen mit seinen Fischrestaurants im Schatten eines Maulbeerbaumes ist einer der anheimelndsten Plätze auf Lesbos (→ Routen und Touren, S. 101). ■ K 1

LESBOS

SEHENSWERTE ORTE UND AUSFLUGSZIELE

Minerva
Kleines Hotel, zwei Querstraßen vom Strand entfernt. Kleine, saubere Zimmer mit Balkon.
Tel. 02 53/5 32 02
12 Zimmer
Untere Preisklasse

Susanna
Einfache, ordentliche Zimmer.
Tel. 02 53/5 31 93
6 Zimmer
Untere Preisklasse

Sehenswertes

Spärliche Reste der antiken Stadt Eressós sind auf der **Akropolis** auf dem Hügel zu finden. Die Reste einer frühchristlichen **Basilika** kann man hinter der großen Kirche **Ágios Andreas** entdecken.

Vor allem seiner herrlichen Aussicht wegen lohnt ein Abstecher zu dem auf einem Vulkankegel gelegenen Kloster **Ipsiloú**, das auch ein kleines Museum unterhält. Das Kloster wurde im Jahre 1101 dem Evangelisten Johannes geweiht und thront in wunderschöner Panoramalage auf einem 500 m hohen Fels.

Kalloní und Skála Kallonís ■13

Skála Kallonís, der Hafen von Kalloní, war einstmals ein verträumter und geschützter Fischerhafen, an dem die Sardinenfischer von Kalloní ihre Boote vor den im Winter tosenden Fluten des Meeres in Sicherheit brachten. Die Zeiten der Beschaulichkeit sind hier schon lange vorbei – und inzwischen ist Skála Kallonís mit seinem langen, flach abfallenden Sandstrand ein beliebtes Ziel für Pauschaltouristen. Skála ist ein Konglomerat aus lauten Pubs, Bars, Diskotheken und kleinen Pensionen im mediterranen Betonstil, die sich entlang der Uferstraße angesiedelt haben. Mit einer Katamaran- und Surfschule unter deutscher Leitung ist Skála Kallonís sportliches Zentrum von Lesbos. Dagegen steht die Wasserqualität der Bucht von Kalloní bei weitem hinter den anderen, offenen Stränden der Insel zurück. Neben seinem Strand profitiert Skála von seiner zentralen Lage, die es zu einem idealen Ausgangspunkt für Inselerkundungen.

MERIAN-TIP

Wassersport-Schule in Skála Kallonís In dem lebhaften Ferienort betreibt das deutsche Unternehmen SFI-Sporttouristik eine Surf- und Katamaranschule. Die Bucht von Skála Kallonís ist eines der sichersten Reviere in der Ägäis, da die große Bucht fast geschlossen ist. Morgens kommt der Wind meist sanft auflandig, mittags sorgt die lokale Thermik für gleichmäßigen Wind, meist ablandig. Surfbretter und Katamarane können vor Ort gemietet werden. Geeignete Unterkünfte stehen über Direktbuchung zur Verfügung. SFI-Sporttouristik, Wohlbecker Straße 35, 48155 Münster, Tel. 02 51/60 92 30 ■13

ERESSÓS UND SKÁLA ERESSOÚ – MONÍ LIMÓNOS

Hotels

Kaloni
Rund 500 m außerhalb des Ortes gelegenes, komfortables Hotel. Zum Strand muß man nur die Straße überqueren. Swimmingpool.
Tel. 02 53/2 33 34, Fax 2 33 86
70 Zimmer
Mittlere Preisklasse

Pasiphae
Zimmer mit Seeblick, ein großer Pool und ein Spielplatz sind die Hauptattraktionen des Hotels.
Tel. 02 53/2 32 12, Fax 2 31 54
60 Zimmer
Obere Preisklasse

Essen und Trinken

Aus der großen Zahl der Restaurants und Tavernen heben sich die beiden **Psárotavernen Mimi's** und **Victor's**, beide direkt im Ortszentrum von Skála gelegen, erfreulich aus dem Einerlei hervor. Beide Lokale haben immer garantiert frischen Fisch in der Kühltheke liegen.

Service

Taxi und Bus
Tel. 02 53/2 20 88 oder 2 21 40
Mehrmals täglich Busverbindungen von Kallonі́ nach Mytilíni

Mandamádos ■ K 2

Das rund 1400 Einwohner zählende Dorf besitzt gleich drei Anziehungspunkte: Es ist bekannt für seine Töpferwaren und die **Taxiárchis-Kirche**, etwa 1 km außerhalb des Ortskerns, ein beliebtes Wallfahrtsziel mit der wundertätigen Ikonostase des Erzengels Michael. Berühmt aber ist Mandamádos für sein alljährliches Stieropferfest (→ MERIAN-Tip, S. 33).

Moní Limónos und Moní Myrsiniótissas ■ I 3

Im Zuge der türkischen Herrschaft über die Ägäischen Inseln kam die bis zu diesem Zeitpunkt blühende byzantinische Kultur weitgehend zum Erliegen. Um gegen diesen unbefriedigenden Zustand anzukämpfen, versuchte der 1492 geborene Ignátios Agallianos, der spätere Abt von Limónos, mit der Stiftung der beiden Klöster Myrsiniótissas und Limónos die griechisch-orthodoxe Kirche zu stärken. Aufgrund der regelmäßigen Abgabezahlungen an die türkischen Sultane – aber auch der osmanischen Politik, das Land zwar auszupressen, es aber nicht zu bekehren – konnten die beiden Klöster unbeschadet in der osmanischen Periode bestehen.

Nach der Gründung des Frauenklosters Myrsiniótissas, der »myrtenbekränzten Muttergottes«, gründete 1527 Ignátios auf einem byzantinischen Vorläuferbau das Männerkloster Limónos. Schnell entwickelten sich die beiden Klöster zum geistig-religiösen Zentrum der Insel; Limónos galt als der Hort und Garant für den Fortbestand der griechisch-orthodoxen Lehre und Religion. Die strikte Geschlechtstrennung für Besucher wurde inzwischen gelockert, so daß jetzt auch Männer das recht schöne und mit einer tropischen Vielfalt von Pflanzen und Blumen geschmückte Frauenkloster besichtigen können. Für weibliche Besucher des Männerklosters Limónos wurde eine eigene kleine Kapelle eingerichtet. Besonders sehenswert ist das **Klostermuseum** in Limónos (unregelmäßige Öffnungszeiten, Eintritt 250 Drs.), das eine recht umfangreiche Sammlung aufweist. Ausgestellt sind u. a. die Toleranzedikte der türkischen

Gouverneure, sakrale Stickereien aus dem benachbarten Frauenkloster, liturgische Gegenstände und Gerätschaften, Votivgaben und in einem anderen Raum Gebrauchsgegenstände und Küchengeräte. Eine offene Mönchszelle und der frühere Vorratsraum für Olivenöl stehen ebenfalls zur Besichtigung frei.

Die beiden Klöster sind täglich von Sonnenaufgang bis Sonnenuntergang für Besucher geöffnet.

Moní Perivolís ■ H 3

Die kleine Anlage des früheren Nonnenklosters liegt ziemlich versteckt zwischen Vatoússa und Ántissa und ist, wie sein Name sagt, ein wirklicher Garten. Obwohl heute nur eine Verwalterin sich um das kleine Anwesen kümmert, ist alles bestens in Schuß und sehr gepflegt. Das der Muttergottes geweihte Kloster beherbergt einige Fresken, die bis auf die byzantinische Zeit zurückgehen sollen.

Das Kloster ist meist verschlossen; das Alter der Kirche, in der die Fresken zu sehen sind, ist unbekannt.

Pétra ■ I 2

Im Gegensatz zu Molyvos spielt sich in Pétra richtiges Strandleben ab, was alleine schon dadurch bedingt ist, daß Meer und Boulevard nur durch einen schmalen Sandstreifen von etwa 3 bis 10 m getrennt sind. Pétra wurde durch die erste »**agrotouristische Frauenkooperative**« berühmt, die griechischen Frauen durch Zimmervermietung ein eigenes Einkommen und mehr Selbständigkeit sichern sollte. Basierend auf dem EU-Modell »Urlaub auf dem Bauernhof«, das zimmervermietenden Bauern mit Subventionen unter die Arme greift, und dem Anliegen, eine stärkere soziale und materielle Absicherung der Frauen zu gewährleisten, wurde diese Bewegung Mitte der achtziger Jahre gegründet. Da aber ähnlich wie in Pyrgí auf Chios die landwirtschaftlichen Nutzflächen weit um das Dorf herum verstreut sind, unterscheidet sich ein Bauernhofurlaub hier doch weitgehend von unseren Vorstellungen davon, denn sehr viel kann man von dem alltäglichen Leben und Arbeiten auf dem Hof leider nicht erleben.

MERIAN-TIP

Frauenkooperative im Internet Interessiert an der ersten agrotouristischen Frauenkooperative in Pétra? Ein Mausklick genügt. Unter der Internetadresse www.greeknet.com/petra.htm kann man die Homepage der Frauenkooperative aufrufen, Informationen abrufen und natürlich auch gleich buchen. Einfacher geht es wirklich nicht. Wer lieber schreiben oder direkt anrufen will, wendet sich an die Touristic Women's Co-operative Petra, Island of Lesbos, GR-81109, Tel. 00 30/2 53/4 12 38, Fax 00 30/2 53/4 13 09 ■ I 2

MONÍ LIMÓNOS – RUNDREISE UM DEN LEPÉTIMNOS

Fremdkapital ist inzwischen nach Pétra geflossen, und Investitionen im größeren Stil haben dem einstmals verschlafenen Nest größere Pauschalhotels beschert. Auch das mag ein Grund dafür sein, daß der bescheidene Agrotourismus an den Rand gedrängt wird. Sehenswert ist die mitten im Dorf auf einem Felsen liegende **Wallfahrtskirche der »Süß küssenden Muttergottes«** aus der ersten Hälfte des letzten Jahrhunderts, eine dreischiffige Basilika, die über 114 Stufen zu erklimmen ist. Das Freskobildnis der Madonna blickt von jedem Winkel aus dem Betrachter direkt in die Augen.

Auch das **Archontikó Vareltsídainas**, ein christliches Herrschafts- und Wohngebäude aus der ersten Hälfte des 18. Jh., lohnt einen kurzen Besuch. Etwas heruntergekommen, demonstriert es dennoch gut die damaligen Lebensbedingungen wohlhabender Familien. (tgl. 8.30–15 Uhr, Eintritt 250 Drs.).

Klosterleben zum Anfassen: Zum Museum von Moní Limónos gehört auch eine Mönchszelle.

Unterkunft	

Über 30 Frauen vermieten noch mehr als 70 Privatwohnungen, Zimmer und kleine Apartments, die über das Genossenschaftsbüro, Tel. 02 53/4 12 38, Fax 4 13 09, vermittelt werden. Da auch deutsch gesprochen wird, kann man sehr gut direkt von Deutschland aus buchen. Zahlreiche andere private Zimmervermittler und einige Pauschalhotels haben sich inzwischen dazugesellt.

Rundreise um den Lepétimnos   I 2/K 2

Örtliche Veranstalter bieten organisierte Ausflüge und Rundreisen in die näheren Bergdörfer rund um den Berg Lepétimnos an. Mit 969 m ist er genauso hoch wie der Olympos. Auf dem Programm stehen **Stípsi**, **Pelópi** und **Kápi**. Die Rundreise führt weiter nach Skála Sykaminías (→ MERIAN-Tip, S. 55/Routen und Touren, S. 101) und vorbei an der Thermalquelle bei Eftaloú zurück nach Molyvos.

Sígri
■ G 3

Das kleine Dorf, das durch vorgelagerte Inseln – die größte davon ist Nissiópi – recht gut geschützt wird, ist ein stiller, ursprünglicher Fischerhafen, der nur in den absoluten »high seasons« von einigen Touristen für längere Zeit aufgesucht wird.

Ein kleiner Strand, ein verfallenes genuesisches Kastell und viel Ruhe zeichnen den einsamen Ort im Inselwesten aus – und natürlich der Versteinerte Wald rund 3 km östlich.

Überfahrten zur unbewohnten Insel Nissiópi sind möglich. Wer den weniger attraktiven Dorfstrand meiden will, wandert an den rund 2 km nördlich liegenden Sandstrand von **Faneroméni**.

Hotel/andere Unterkünfte

Neben einigen Privatunterkünften gibt es nur ein Hotel:
Nissiópi
Direkt am Hafen gelegenes Hotel mit Blick auf die Insel Nissiópi.
Tel. 02 53/2 23 40
8 Zimmer
Untere Preisklasse

Sehenswertes

Versteinerter Wald ■ G 3
Berühmt ist Sígri weit über Lesbos hinaus wegen des »Petrified Forrest« – des Versteinerten Waldes. Kernstück ist das abgegrenzte Gebiet zwischen Sígri und Ántissa (ca. 5 km abseits der Straße und gut beschildert), in dem man auf einem etwa halbstündigen Rundweg die schönsten Exponate versteinerter urzeitlicher Sequoia-Bäume bewundern kann, die mehr als 3 Mio. Jahre alt sind. Durch dioxidhaltiges Wasser aus heißen Quellen, die infolge vulkanischer Tätigkeit entstanden waren, versteinerten die Bäume, die später durch einen vorgeschichtlichen Vulkanausbruch wieder bedeckt und durch Erosion erneut freigelegt worden sind. An einzelnen Bäumen kann man sogar noch Jahresringe erkennen.

Im Einsatz für die naturgeschichtliche Sensation der Insel: Ein Verein aus Sígri kümmert sich um den Versteinerten Wald.

Mytilíni

M 4

30 000 Einwohner
Stadtplan → S. 63

In Mytilíni lebt fast ein Drittel aller Inselbewohner. Die Stadt ist nicht nur Verwaltungshauptstadt, sondern auch Sitz der Ägäischen Universität und beherbergt das Ägäis-Ministerium. Zwar hat Mytilíni keine nennenswerten Strände und Attraktionen, bietet aber mit seinem quirligen Treiben eine angenehme Abwechslung. Der Bummel durch die Einkaufsstraßen, über den Gemüsemarkt und der Besuch des Archäologischen Museums gehören zum Pflichtprogramm eines Kurzbesuchs. Blickt man über das Hafenbecken, so erkennt man die Hügel des türkischen Festlandes.

Orientalische Vergangenheit

Von alters her hatte man sich hier mehr am türkischen Festland orientiert, war mehr ausgerichtet zum kleinasiatischen Smyrna (dem heutigen Izmir) als zum fernen Athen. Um 1100 v. Chr. wurde Mytilíni gegründet, von den aus Thessalien stammenden Äolern. In den folgenden Jahrhunderten gelang auch Mytilíni der Aufstieg zu einem bedeutenden Stadtstaat; es geriet 546 zum ersten Male unter persische Oberherrschaft. 88 v. Chr. eroberten die Römer Mytilíni, von deren Herrschaft noch viele Zeugnisse im Museum der Stadt zu finden sind. Die Herrschaft der genuesischen Gattelusi dauerte bis zur mehrwöchigen Belagerung durch die Türken 1462, die anschließend bis zur Befreiung im Jahr 1912 über die Insel verfügten. Das gespannte griechisch-türkische Verhältnis ist hier gegenwärtig: Im Hafen liegen griechische Militärschiffe, rund um die Insel verstreut spähen Horch- und Beobachtungsposten gen Osten. Viele Familien aber waren auf beiden Seiten zu Hause, im türkischen Hinterland ebenso wie auf der heimatlichen Insel. Die Stadt versucht heute mit einer beispielhaften Kulturpolitik, die Brücken wieder aufzubauen, und lädt zum Beispiel zu Musikfestivals auch türkische Ensembles ein.

Verkehrs- und Handelszentrum

Vom Hafen von Mytilíni fahren die Frachter und Fährschiffe zum griechischen Festland, aber auch Ausflugsboote zur türkischen Küste, zum Besuch von Pergamon. Der rund zehn Kilometer außerhalb der Stadt liegende Flughafen wird nicht nur innerstaatlich angeflogen, sondern auch von vielen Chartergesellschaften aus Mitteleuropa. Damit ist Mytilíni auch Ausgangspunkt für Inselspringer. Wer durch den alten Markt schlendert, wird die orientalische Atmosphäre schnuppern. Zwar haben in der Haupteinkaufsstraße, der Odós K. Kavetsou, inzwischen viele moderne Boutiquen eröffnet, aber das Bild wird bestimmt von den kleinen Läden, den Gemüse- und Fischhändlern, Kaffeeröstereien, die auch Kerzen verkaufen, und Bekleidungsgeschäften.

LESBOS

Hotels/andere Unterkünfte

Blue Sea ■ b 2
Direkt am Fährhafen gelegenes Hotel, das vielfach von Geschäftsreisenden gebucht wird.
Odós Pavlou Koundouríoti
Tel. 02 51/2 39 94, Fax 2 96 56
60 Zimmer
Obere Preisklasse

Erato ■ a 3
Ganzjährig geöffnetes Hotel, etwas abseits des Zentrums.
Odós Vostani 2
Tel. 02 51/4 11 60 oder 4 11 03
22 Zimmer
Mittlere Preisklasse

Lesvion ■ b 2
Frisch renoviertes Hotel – ebenfalls direkt am Hafenkai.
Odós Pavlou Koundouríoti
Tel. 02 51/2 43 43, Fax 4 24 93
34 Zimmer
Mittlere Preisklasse

Salina's Garden ■ b 1
Einfache, aber gemütliche Pension.
Odós Fokéas 7–9
Tel. 02 51/4 20 73
5 Zimmer
Untere Preisklasse

Sappho ■ b 2
Einfaches Hotel mit kleinen Zimmern, direkt am Hafenboulevard gelegen.
Odós Pavlou Koundouríoti
Tel. 02 51/4 65 86
29 Zimmer
Mittlere Preisklasse

Thalia ■ b 1
Einfache Zimmer, nur teilweise mit eigenem Bad.
Odós Kinikiou
Tel. 02 51/4 26 40
4 Zimmer
Untere Preisklasse

Spaziergang

Am besten beginnt man seinen Rundgang am **Sappho-Denkmal**, gleich neben dem Busbahnhof für Stadtbusse. Stadteinwärts führt nun eine kleine Gasse direkt in den **Palía Agora**, den alten Markt. Viele Geschäfte werden von ihren Besitzern noch im alten Stil geführt und lassen erkennen, wie früher einmal – als noch nicht bunter Glitzer das Ladenschaufenster bestimmte – griechische Läden ausgesehen haben.

Über die Haupteinkaufsstraße Odós Kavetsou gelangt man am Stadtpark zur Odós Ágios Therapondos, die rechts hoch zur Hauptkirche **Ágios Therapón** und zum gegenüberliegenden **Byzantinischen Museum** führt. Hier mag man umkehren und der Odós Ermoú folgen, vorbei an der Ruine der türkischen Moschee **Geni Tzami**. Werfen Sie ruhig einen Blick in die verstaubten Antiquitätengeschäfte, bevor Sie am nördlichen Hafenbecken ankommen.

Falls Sie das **Kastell** besichtigen wollen, halten Sie sich nun rechts und folgen der Míkras Asías, bis links ein Fußweg hoch zur Burg abzweigt. Wenn nicht, führt rechts nach ca. 100 m ein Schotterweg durch die fast ein wenig unheimlich anmutenden Ruinen am Fuße des genuesischen Kastells entlang. Folgen Sie einfach der Schotterstraße unterhalb des Kastells, bis Sie wieder – vorbei am Strandbad Tsamákia – zum Hallenbad und dem Fähranleger kommen. Rechts neben der Touristenpolizei finden Sie dann in der Odós Eftalíoti das **Archäologische Museum**.

Lohnenswert ist auch der Spaziergang zu den Booten der Fischer, die allesamt am südlichen Teil des alten Hafens anlegen.

MYTILÍNI

Sehenswertes

Antikes Theater ■ a 1

Über einen nördlichen Zufahrtsweg erreicht man das einst größte Gebäude des alten Mytilíni. Das antike Theater wurde im 3. Jh. v. Chr. erbaut, faßte einmal bis an die 15 000 Besucher, ähnlich dem berühmten Theater von Epidauros. Es soll Pompeius als Anregung für den Bau des ersten steinernen Theaters in Rom gedient haben. Bühne und Sitzreihen sind heute völlig verschwunden, nur noch das Theaterrund erinnert an die Anlage.

Das antike Theater von Mytilíni ist eingezäunt und zwischen 8.30 und 15 Uhr zu besichtigen. Ein Spaziergang führt durch den schattigen Pinienwald zum Hafen.

Genuesische Festung ■ c 1

Das genuesische Kastell aus dem 14. Jh. wurde vom Genueser Francesco Gattelusi auf den Resten antiker Befestigungswerke (6. Jh.) errichtet. Hundert Jahre später übernahmen es die Osmanen (bis 1912). Das Kastell kann über einen Seitenweg von der Míkras Asías, der Odós 8 Novémvriou, aus besichtigt werden. Innerhalb des Kastells finden sich noch Spolien aus Bauten des antiken Mytilíni, aber auch Spuren aus späteren Jahrhunderten, z. B. die Medresse und die Koranschule, einige wenige übriggebliebenen Zeugnisse der islamisch-türkischen Geschichte von Lesbos. Unterhalb des Kastells befindet sich eine kleine Militärstation – Achtung also beim Fotografieren!

LESBOS

Museen

Archäologisches Museum ■ c2

Untergebracht in einer klassizistischen Villa, beherbergt das Museum römische Mosaiken aus der zweiten Hälfte des 3. Jh., in denen neben dem klassischen Dichter Meander auch Szenen aus Theaterstücken und der Mythologie dargestellt werden. In den weiteren Räumen sind Töpferwaren, Schmuck- und Votivgaben, im Obergeschoß filigrane Goldschmuckarbeiten ausgestellt. Im Garten und im Rückgebäude sind viele große Fundstücke wie Säulenkapitelle und Steine mit Inschriften zu besichtigen.
Odós Eftalíoti
Di–So 8.30–15 Uhr
Eintritt 500 Drs.

Byzantinisches Museum ■ b2

Reichhaltige Sammlung byzantinischer Ikonen, die älteste aus dem 13. Jh. Auch eine moderne Ikone des berühmten, aus Lesbos stammenden Malers Theófilos ist im Museum zu bewundern. Darüber hinaus sind liturgische Gewänder und Gegenstände ausgestellt.
Odós Ágios Therapóndos
Mo–Sa 10–13 Uhr
Eintritt 250 Drs.

Theófilos-Museum ■ b1

Die Werke des aus Lesbos stammenden Malers Theófilos (1870–1934) sind schwer einzuordnen: Seine volkstümliche, naive Darstellungsweise enthält Elemente aus der byzantinischen Kirchenmalerei und ist unberührt von europäischen oder amerikanischen Einflüssen geblieben. Theófilos verdiente sich seinen Lebensunterhalt als einfacher Illustrator und Ikonenmaler, bis der Kunstsammler und Kritiker Teríade auf ihn aufmerksam wurde, als er ein von Theófilos ausgemaltes Wohnhaus besuchte. Über Lesbos hinaus bekannt wurde Theófilos erst nach seinem Tode.
Míkras Asías und Adramitiou
Tgl. 9–14 und 17–20 Uhr
Eintritt 250 Drs.

Symbol für den Stolz der Inselbewohner: Von erhöhtem Posten grüßt die Freiheitsstatue die Besucher von Mytilíni.

MYTILÍNI

Volkskunstmuseum ■ b 2
Untergebracht in einem schön restaurierten Haus der einstigen Hafenbehörde, zeigt es folkloristische Exponate, Trachten und andere Beispiele der Inselkunst.
Odós Pavlou Koundouríoti
Di–So 10–15 Uhr
Eintritt 250 Drs.

Essen und Trinken

Das kulinarische Leben von Mytilíni spielt sich entlang der Hafenpromenade ab. Dabei sind vor allem die Fischrestaurants entlang der nördlichen Hafenmole zu empfehlen.

Astería ■ b 2
Bekannt für seine Fleischgerichte.
Odós Pavlou Koundouríoti
Mittlere Preisklasse

Milano Pizza ■ b 2
Mit Pizza und Nudelgerichten bietet das Restaurant am Hafen eine Alternative zur griechischen Kost.
Odós Pavlou Koundouríoti
Tel. 02 51/2 11 10
Tgl. 19–24 Uhr
Mittlere Preisklasse

Einkaufen

Am Ende der Odós Ermoú (■ b 1) liegen noch ein paar alte **Antiquitätengeschäfte**, in denen Sie ruhig einmal stöbern sollten. Vom Plakat für Olivenöl aus Lesbos bis hin zum alten türkischen Säbel findet man so manch wundersames Stück in einer verstaubten Ecke. Ansonsten gibt es die klassischen Mitbringsel: Sardinen und Ouzo. Mittwochnachmittag sind die Geschäfte geschlossen.

Am Abend

Die **Vólta**, das abendliche Flanieren am Hafenkai, ist die Lieblingsbeschäftigung von jung und alt. Entweder mischt man sich unter die Menge oder genießt den Ausblick in einem der vielen Cafés. Ein bei jungen Leuten recht beliebter Treffpunkt ist die **Amadeus Snack Bar** am südlichen Ende der Odós Pavlou Koundouríoti (■ b 2).

In den Sommermonaten finden im alten Kastell Freilichtaufführungen statt. Nähere Auskünfte erhält man im Büro der Tourist Police, Odós Pavlou Koundouríoti.

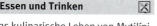

Ouzéri O Pharos »Typisch griechische« Atmosphäre muß nicht teuer sein. Am Ende des nördlichen Hafenkais von Mytilíni neben den bunten Fischerbooten liegt die kleine »Zum Leuchtturm« genannte Ouzéri, die vorwiegend von Einheimischen besucht wird. Die kleinen Vorspeisen, Mezé, sind kräftig und gut. Und nirgendwo im ganzen Hafen genießt man eine so ruhige Atmosphäre und einen so stimmungsvollen Ausblick wie hier an der äußersten Spitze des Hafenkais. ■ b 3

Service

Auskunft

Tourist Police ■ c 2
Odós Pavlou Koundouríoti
(im Gebäude der Hafenpolizei)
Tel. 02 51/2 27 78

Landbusse ■ b 3
Tel. 02 51/2 88 73

Nel-Lines
Reservierung für Fährschiffe:
Tel. 02 51/2 22 20 oder 2 83 47

Olympic Airways ■ b 3
Tel. 02 51/2 86 59 und 2 86 60

Taxi
Tel. 02 51/2 35 00 oder 2 20 64

Stadtbusse ■ b 2
Tel. 02 51/2 87 25

Schüsseln und Kannen, Tassen und Teller nach antikem Vorbild, aber auch in modernem Design: Die Keramikmanufaktur in Agíassos fertigt dekorative Töpferwaren für jeden Geschmack.

Ausflugsziele im Südosten

Agíassos ■ L 4

Die Wallfahrtskirche der Panagía mit einer nahezu völlig vergoldeten Ikone ist das bedeutendste Pilgerziel auf Lesbos. Zu Beginn des 9. Jh. wurde die aus Palästina stammende Ikone vor ihrer Zerstörung gerettet und nach Lesbos an den Fuß des Olympos gebracht. Die »Heilige aus Zion« – Agía Sion – gab dem Ort seinen Namen.

Jedes Jahr am 15. August (Mariä Entschlafung) reisen Pilger aus ganz Griechenland nach Agíassos. Durch eine Glasvitrine geschützt, steht die Ikone vor der Ikonostase. Die zahlreichen Votivgaben sind neben der Kirche in einem Museum ausgestellt.

Auf dem Weg zur Marienkirche durchquert man eine fast völlig mit Wein und Glyzinien überrankte Gasse mit alten Kafenía, an deren Tischen sich die Männer zum Mokka treffen und stundenlang zusammensitzen, um Tavli zu spielen, zu reden oder einfach nur zu schauen.

MYTILÍNI – PLOMÁRI

Einkaufen

In Agíassos gibt es eine Keramikmanufaktur, weshalb viele Souvenirläden recht dekorative Töpferwaren anbieten. Wer direkt einkaufen will, wendet sich an den Töpfer Fontas Nikóltsis, dessen Werkstatt direkt an der Hauptstraße liegt.

Unterkunft

Agía Sion
Pilgerherberge direkt an der Kirche, um den 15. August aber völlig ausgebucht.
Tel. 02 52/2 22 42
Untere Preisklasse

Service

Busse
Mehrmals täglich Verbindungen nach Mytilíni.

Taxi
Tel. 02 52/2 25 26

Mória M 4

In einem von Olivenbäumen bestandenen Tal rund 500 m hinter dem Dorfende von Mória gelegen, überspannen in großen Bögen die noch guterhaltenen Reste eines römischen Aquäduktes den Talboden. Mit einer Länge von rund 170 m und einer Höhe von 26 m ist das dreistöckige Bauwerk noch immer eindrucksvoll. Die antike, einstmals 26 km lange Wasserleitung versorgte die Inselhauptstadt Mytilíni mit Trinkwasser aus der Gegend von Agíassos.

Die hügelige Landschaft rund um Mória erlaubt schöne Wanderungen, z. B. an den rund 3 km entfernten Golf von Géras oder zurück über die sanftgeschwungenen Olivenhügel nach Mytilíni.

Olympos K 5

Der mächtige Gebirgsstock des Olympos, des mit dem Lepétimnos (beide 969 m) höchsten Berges von Lesbos, ist nahezu völlig mit dichten Kastanien und Kiefernwäldern bestanden. Die weithin sichtbare Felsspitze ist leider durch unzählige Sendemasten und die dazugehörigen Stationen ziemlich verschandelt (→ Routen und Touren, S. 98, 100). Aber besuchen sollte man ihn auf alle Fälle, denn man hat einen so wunderbaren Ausblick, daß jegliche Mühen entlohnt werden.

Plomári L 6

Mit über 5000 Einwohnern ist Plomári nach Mytilíni der zweitgrößte Ort der Insel und wegen seiner schönen umliegenden Strände inzwischen auch ein Zentrum des Fremdenverkehrs. Der aus Plomári stammende Ouzo der hiesigen vier Brennereien ist in ganz Griechenland wegen seiner besonderen Qualität berühmt, wobei nur eine von ihnen über Lesbos hinaus ihren Anis-Schnaps vertreibt.

Von allen erschlossenen Küstenorten auf Lesbos hat Plomári noch am augenfälligsten sein ursprüngliches Stadtbild bewahrt. Zwar wird auch hier inzwischen der Küstenstreifen bis zum 5 km entfernten **Ágios Issídoros** mit bunten Hotels und Bungalows zugebaut, aber der Ortskern ist noch ursprünglich. Die Altstadt des erst im 18. Jh. so stark angewachsenen Ortes liegt zu beiden Seiten des Flusses Sedoúntas, der an einer felsigen Schlucht ins Meer mündet. Steile Gassen führen links und rechts zu den in den Fels hineingebauten Häusern. Entlang dem Flußbett reihen sich die oftmals mit verglasten Holzbalkonen bestandenen Bürgerhäuser. Alte Kafenía säumen die große Platía direkt am Hafen, der alte Dorfplatz – heute zugestellt mit Stühlen und Tischen der Restaurants – wird von einer großen Platane überschattet. Touristisch ist es in der Haupteinkaufsstraße und rund um den Hafen. Souvenirläden, Cafés und Mopedverleih gehören auch hier zum Ambiente.

Plomári ist ein guter Ausgangsort für ausgedehnte Wanderungen und Radtouren an den Hängen des Olympos. Es bietet im Gegensatz zu Agíassos auch die Annehmlichkeit eines erfrischenden Bades. Eine staubige, 23 km lange Piste führt über das 630 m hoch gelegene **Megalochóri** nach Agíassos. Megalochóri war die ursprüngliche Ansiedlung, wohin man sich vor dem türkischen Zugriff zurückzog.

Hotels/andere Unterkünfte

Aegean Sun
Luxuriöse Hotelanlage im Bungalowstil am Ortseingang von Ágios Issídoros mit Pool, Pianobar und Beauty-Center.
Tel. 02 52/3 18 30 oder 3 18 32
Fax 3 18 29
52 Zimmer
Obere Preisklasse

Blue Sea
Am Ende des Strandes von Ágios Issídoros, in Agía Barbara, vermietet Maria Marsoni über ihrem ausgezeichneten Fischrestaurant einige Zimmer.
Tel. 02 52/3 28 34
4 Zimmer
Untere Preisklasse

Dionysos
Im Altstadtviertel Potamos gelegene kleine Pension.
Tel. 02 52/3 15 80
6 Zimmer
Untere Preisklasse

Oceanis
Großer Kastenbau direkt am Hafen. Das Hotel organisiert auch Bootsfahrten entlang der schroffen Südküste, z. B. nach Tárti und Mytilíni.
Tel. 02 52/3 24 69, Fax 3 24 55
40 Zimmer
Mittlere Preisklasse

Sehenswertes

Natürlich sollten Sie einer der vier **Ouzobrennereien** einen kurzen Besuch abstatten, auch wenn es außer einer Abfüllanlage aus Edelstahl nicht viel zu sehen gibt.

Über dem dreieckigen Kafeníon am Hauptplatz ist ein kleines **Privatmuseum** mit landeskundlichen Exponaten eingerichtet. Das Haus gehörte der ersten aus Lesbos stammenden Ärztin. Ein Pappschild weist Ihnen den Weg über die Außentreppe in den ersten Stock. Das **Kulturzentrum**, untergebracht in einer restaurierten Oliven- und Seifenfabrik (geöffnet von 9–13 Uhr), ist eher von lokalem Interesse und plakatiert seine Veranstaltungen am Tag vorher.

Essen und Trinken

Selbst wenn Sie kein Freund des Ouzo sind, sollten Sie ihn hier probieren. Geeignete Orte dazu sind sicherlich die großen Kafenía am Hauptplatz oder, wenn Sie es ganz familiär lieben, in dem einem Wohnzimmer gleichenden Kafeníon an der Brücke zur Altstadt.

Blue Sea
Hervorragende Fischgerichte mit frischem Gemüse direkt aus dem eigenen Garten.
Ágios Issídoros, direkt am Strandende
Tel. 02 52/3 28 34
Untere Preisklasse

To Limani
John Paleologos kocht bodenständige griechische Küche in erfreulich guter und frischer Qualität.
An der Hafenmole, gegenüber dem Hotel Oceanis
Tel. 02 52/3 18 60
Mittlere Preisklasse

Platonos
An der Platía gelegenes Restaurant mit griechischer Küche, serviert wird unter der großen Platane.
Mittlere Preisklasse

Café Serafino
An der Platía Platonos gelegene Café-Bar mit kleinen Snacks. Hier trifft man sich zu vorgerückter Stunde, oftmals Live-Musik.

Am Abend
Neben den Pubs und Bars mit vorwiegend lauter Musik zieht es fremde und einheimische junge Leute in die Diskotheken **7–11** oder **Overdose**. Geöffnet meist ab 21 Uhr bis in den frühen Morgen. Wer nicht in die Disko geht, nimmt an der abendlichen Vólta teil, umrundet den kleinen Park am Hafen und flaniert in der Einkaufsstraße.

Service

Busse und Boote
Mehrmals täglich verkehren Busse zwischen Plomári und Mytilíni. In den Sommermonaten ist die Weiterreise nach Vaterá oder Skála Eressoú auch mit einem Ausflugsboot möglich.

Taxis
Ihr Stand ist am kleinen Park am Hafen. Braucht man anderswo ein Taxi, so muß man eines der umliegenden Geschäfte anrufen:
Tel. 02 52/3 33 58 oder 3 25 35

Polichnítos   ▀ I4/I5

Der Ort, Zentrum der landwirtschaftlichen Region, ist vor allem wegen seiner bis zu 90 Grad heißen, radioaktiven Quellen bekannt, die zu den heißesten in Europa gehören. Der Zustand der Thermen, die allesamt außerhalb des Ortes liegen, ist allerdings recht beklagenswert. Die Badehäuser sind baufällig und die Wasserbecken verschmutzt. Die Quellen werden auch kaum mehr als Thermalbäder, sondern zur Bewässerung der umliegenden Treibhäuser benutzt. Zum Ort zugehörig ist der am Golf von Kallóni gelegene Badeort **Skála Polichnítou**.

Skópelos   ▀ L5

17 km von Plomári entfernt, abseits der Straße nach Mytilíni, liegt der kleine Ort mit der Kirche der Heiligen Magdalena. Neben dem Haupthaus ist eine kleine Basilika mit Eingang zu einer Katakombenkapelle. Die seitlichen Nebengänge sind vermauert, sollen aber als Fluchtwege vor den Türken unterirdisch aus dem Dorf hinausgeführt haben.

Thermí   ▀ L3/M4

Römische Kaiser und hohe Würdenträger fanden auf der Suche nach Linderung von Gelenk-, Leber- und Nierenschmerzen ihren Weg in den unscheinbaren Ort nördlich von Mytilíni. Der Ort besteht aus drei Ortsteilen mit den Namen **Pyrgís Thermí**, **Paralía Thermí** und **Loutrópolis Thermí**. Hier gibt es ein kleines Kurhotel, in dessen Bädern im Keller noch antike Spolien verbaut sind.

Eine architektonische Besonderheit sind die Wohntürme von Pyrgís Thermí, über 150 dieser auf das 16. Jh. zurückgehenden Bauten sollen einmal hier gestanden haben.

Varía ■ M 4

Auf halbem Weg zwischen der Stadt Mytilíni und dem Flughafen liegt der kleine Vorort Varía, dessen prächtige – heute leider zum Teil leerstehende – Villen von einem einst beträchtlichen Wohlstand auf der Insel Mytilíni erzählen.

Museum 🏛

Tériade-Museum
Etwas abseits, gut ausgeschildert, findet sich inmitten eines wunderschönen Olivengartens das ausgezeichnete **Museum für Moderne Kunst**. Ausgestellt sind großformatige Buchlithographien und -radierungen, die von namhaften modernen Künstlern wie Picasso, Chagall, Matisse, Miró oder Giacometti für den griechischen Kunstsammler Tériade gestaltet wurden.

Dieser im Mai 1897 geborene Fabrikantensohn Stratís Eleftheriadis (mit dem selbstgewählten Pseudonym Tériade) legte seinen Arbeitsschwerpunkt ab 1937 in die Herausgabe der bekannten Kunst- und Modezeitschrift »Verve«, mit der er für damalige Verhältnisse völlig neue Akzente setzte. In Zusammenarbeit mit den führenden Künstlern und Literaten des richtungsweisenden Paris gelang ihm eine einzigartige Verschmelzung von Kunst und Literatur.

Das Museum ist nicht nur ein unbedingtes Muß für Kunstinteressierte, sondern auch für all diejenigen, die einmal Spitzenwerke der modernen Kunst in einem ganz besonderen Ambiente genießen möchten. Besonderen Genuß werden Marc Chagalls Illustrationen zur antiken Liebesgeschichte »Daphnis und Chloé« vermitteln – direkt vor Ort.
Tgl. 9–14 und 17–20 Uhr
Eintritt 250 Drs.

Vaterá ■ I 5

Ein 11 km langer Sandstrand ist die Hauptattraktion des an der Südküste liegenden Badeortes. Im Gegensatz zu Skála Eressoú, Skála Kallonís oder Molyvos ist es hier beschaulich ruhig. Die großen Reiseveranstalter haben Vaterá bisher nicht im Programm. Das Hinterland von Vaterá, z. B. der Golf von Kalloní oder der Olympos, lädt ein zu Spaziergängen und Wanderungen. Die abgeschiedene Lage und der Sandstrand machen Vaterá zu einem idealen Aufenthaltsort für Familien mit Kindern. Alle Hotels liegen direkt am Strand. Man sitzt auf der Terrasse der kleinen Hotels, bis spät abends können die Kinder am Strand spielen.

 TOPTEN 6

Dreimal in der Woche fährt ein **kaiki** zur verborgen liegenden Kirche **Panagía Kriftí**, einer kleinen Kapelle mit einer Thermalquelle, die nur vom Meer aus zu erreichen ist. Die Kirche liegt versteckt in einer kleinen Bucht mit schmalem Durchlaß in einem der schroffesten Küstenabschnitte der Insel.

Lohnend ist auch die staubige, aber landschaftlich reizvolle Fahrt entlang des **Golfs von Kalloní**. Man fährt von Vaterá aus nach Polichnítos und Skála Polichnítou. Auf dem Weg dorthin kann man eine der fünf Thermalquellen besichtigen. Durch Olivenplantagen und Ackerland führt, vorbei an den Becken für Meersalzgewinnung, eine Schotterstraße nach Skála Vassilikón. Von dort führt die Route bis nach Achladerí immer am Strand entlang. In den Wasserläufen und Schilfgürteln leben zahlreiche Vogelarten und Schildkröten. In Achladerí zweigt die Schotterpiste wieder nach Süden ab und führt durch die dichtbewaldeten Hänge des Missintziki-Berges zurück auf die Asphaltstraße.

VARÍA – VATERÁ

Hotels/andere Unterkünfte

Irini
Am östlichen Strandende liegt der etwas unpersönlich wirkende Hotelkomplex.
Tel. 02 53/6 14 07 oder 6 14 08
Fax 6 14 10
65 Zimmer
Mittlere Preisklasse

Vaterá Beach
Am westlichen Ende des Stranddorfes liegt das familiär geführte, freundliche Hotel. Barbara, die früher an der Athener Börse arbeitete, und ihr Mann Georgis, ein ehemaliger Regisseur, sind inzwischen zu einer Institution in Vaterá geworden.
Tel. 02 53/6 12 12, Fax 6 11 64
20 Zimmer
Mittlere Preisklasse

Camping Dionysos
Der zweite offizielle und gutausgestattete Campingplatz auf Lesbos. Wer hierher kommt, wird am Wochenende mit lauter Diskomusik von nebenan verwöhnt. Geöffnet von Ende Mai bis Anfang Oktober.
Tel. 02 52/6 11 51, Fax 6 11 55

Sehenswertes

Am westlich vorgelagerten Kap stehen die kleine Fischerkapelle **Ágios Fokás** und die spärlichen Reste eines ehemaligen **Dionysos-Tempels**. Vom Kirchlein aus bietet sich ein schöner Blick auf die Bucht und den kleinen Hafen.

Essen und Trinken

Akrotiri
In gemütlich-griechischem Ambiente ißt man in der kleinen Taverne unterhalb von Ágios Fokás.
Tel. 02 52/6 14 65
Mittlere Preisklasse

Wer in seinem Urlaub überwiegend am Strandleben interessiert ist, wird an dem kleinen Dorf Vaterá Gefallen finden. Vor allem Familien mit Kindern freuen sich über den flach ins Meer abfallenden Strand – streßfreie Tage für erholungssuchende Eltern ...

Samos

Berühmter Wein und liebliche Landschaft – die kleinste und beliebteste der drei Inseln lockt mit einer Vielfalt an Naturschönheiten.

Samos

31 000 Einwohner
Karte → S. 75

Schon sechs Jahrtausende v. Chr. lebten Menschen auf Samos, um 1500 v. Chr. kamen kretische Minoer, um 1000 v. Chr. die ionischen Einwanderer, und im 7. Jahrhundert v. Chr. begann der Aufstieg des Inselstaates, der 538 v. Chr. in der Tyrannis des Polykrates gipfelte. Samos war Sitz des Hera-Tempels und -Kultes und genoß hohes Ansehen, nicht zuletzt wegen seiner schnellen Flotte. Mit der Hinrichtung des Polykrates durch die Perser wurde Samos unter den folgenden, ständig wechselnden Fremdherrschaften zunehmend bedeutungslos. 1475 mußten seine genuesischen Herren Samos an die Türkei abtreten und nahezu die gesamte Insel evakuieren. Nach der Wiederbesiedelung unter türkischer Oberaufsicht genoß Samos das Privileg, von einem griechischen Hegemon verwaltet zu werden.

Exportschlager Dessertwein

Obst, Tabak, Wein und Oliven haben in früheren Jahren zu einem beträchtlichen Wohlstand geführt. Trotz mancher Rezession konnte sich Samos vor allem durch seinen Weinanbau wirtschaftlich stabilisieren. Die über 6000 Weinbauern schlossen sich 1934 zu einer Genossenschaft zusammen, in der bis heute erfolgreich gearbeitet wird. Auf einer relativ kleinen Ertragsfläche von rund 1800 Hektar werden stattliche 100 000 Hektoliter Wein erzeugt. Der Großteil des Weinexports geht nach Frankreich, Deutschland und in den Vatikan, zum Teil als Dessert- und Meßwein, zum Teil als Zusatz für andere Weinproduzenten oder für medizinische Produkte. Um die Jahrhundertwende florierte noch die Seifenproduktion aus Oliven, heute stehen die Seifenfabriken – viele gab es in Karlovássi – leer.

Ziel für Wanderfreaks

Touristisch wurde Samos zuallererst von den Wanderfreunden entdeckt. Deutsche und schweizerische Reiseunternehmen machten dabei den Anfang. Pauschaltouristen kommen immer mehr hinzu, dennoch sind Hotelkomplexe und Clubanlagen bisher selten.

Samos hat sein Gesicht bewahrt, obwohl 150 000 Besucher jährlich die Insel bevölkern und den Tourismus zum entscheidenden Wirtschaftsfaktor machen.

Karlovássi

b 1

5500 Einwohner

Karlovássi ist nicht nur die zweitgrößte Stadt der Insel, sondern auch die eigentümlichste, denn sie besteht nicht aus einem, sondern aus fünf Orten: Órmos, dem alten Gerber- und Seifenviertel, dem Stadtteil Mesaío Karlovássi mit den früher prächtigen Fabrikantenvillen, dem alten, verfallenden Ortskern Paláio Karlovássi, dem Neubauviertel Néo Karlovássi und dem Hafen Limáni. Jahrelang hat Karlovássi sich mit Vathy ein Rennen um die Führung der Insel geliefert.

Bis 1929 war Karlovássi mit seinen mehr als 40 Gerbereien, Fabriken für Olivenseife und Tabak ein wirtschaftliches Zentrum. Heute sind die meisten Betriebe geschlossen, die Gebäude zerfallen. Nur langsam schreiten die Restaurierungsarbeiten voran und verleihen Karlovássi ein etwas ansprechenderes Ambiente. Wenn, dann wird hauptsächlich am und um den Hafen gebaut – gerade auch für den Tourismus, ansonsten ist Karlovássi noch ein typisch griechischer Ort, ein fünf Kilometer langes Straßendorf geblieben. Entlang der 1995 neu gebauten Küstenstraße im alten Industrieviertel reihen sich die leeren Fabrikhallen – aus der Ferne ein recht malerischer Anblick. Auch die leerstehenden Villen der Fabrikanten, die im Stadtteil Órmos liegen, haben schon bessere Zeiten gesehen.

Weithin sichtbar auf einem Felsen thront das Wahrzeichen von Karlovássi, die Kapelle der Dreifaltigkeitskirche. Auch sie ist umgeben von leerstehenden Häusern. Nur unten am Hafen, in Limáni, spielt sich das Leben ab. Tavernen, Cafés und Geschäfte haben geöffnet, das große Hotel Samaina Inn wartet auf Touristen; ebenso der nahe gelegene Potámi-Strand, ein touristisches Highlight. Drei Kilometer vom Hafen entfernt, lockt diese grobkieselige Bucht mit klarem, tiefblauem Wasser.

Wer sich für Industriedenkmäler interessiert, wird im weitläufigen Karlovássi einiges zu entdecken haben. Ansonsten ist der Ort nicht gerade schön.

Für den Stapellauf fehlt nur noch der allerletzte Schliff: Karlovássi besitzt auch eine kleine Bootswerft, in der die traditionellen Fischerboote gebaut werden.

Hotels

Karlovássi ist ein geeigneter Ausgangspunkt für Wanderungen in dem nahen Kérkis-Massiv. Immer mehr aber nimmt auch der sommerliche Tourismus Gestalt an, und eine Reihe von Mittelklassehotels, die auch von Reiseveranstaltern genutzt werden, sind entstanden.

Aspasia
Etwas zurückgesetztes, familiär geführtes Hotel mit geschmackvollen Zimmern und einem schönen, von Bananenpflanzen umstandenen Pool.
Palaío Karlovássi
Tel. 02 73/3 02 01, Fax 3 02 00
45 Zimmer
Mittlere Preisklasse

Samaina Inn
Vornehmes Hotel mit Pool, Restaurant und Bar, das mit postmoderner Architektur protzt. Direkt an der Odós Kanári gelegen, Spielzimmer für Kinder.
Tel. 02 73/3 54 45, Fax 3 44 71
76 Zimmer
Obere Preisklasse

Samaina Port Hotel
Direkt am Hafen gelegen, wendet sich das Port an die zunehmende Zahl der Segler, die in Karlovássi vor Anker gehen.
Karlovássi Limáni
Tel. 02 73/3 42 57, Fax 3 44 71
20 Zimmer
Obere Preisklasse

Spaziergang

Karlovássi ist zu weitläufig, um zu einem Spaziergang zu raten. Vielmehr sollte man sich einzelne Ziele vornehmen oder mit einem Moped oder Fahrrad einmal eine Stadttour machen. So empfiehlt es sich, zumindest einmal durch die alte Industriestraße entlang der östlichen Uferstraße zu fahren. Liebhaber neoklassizistischer Villen finden hinter der Fabrikstraße im Ortsteil Limáni mit liebevollen Details geschmückte Herrschaftshäuser mit prächtigen Marmortreppen, schönen Fensterläden und blühenden Gärten. Ein Besuch in Palaío (Alt-) Karlovássi beginnt an der Platía nahe dem Hotel Aspasia und folgt den steilen Treppenwegen hoch zur Dreifaltigkeitskirche.

Sehenswertes

Die ummauerte Kirche **Agía Pelagía** nahe dem Hafen beherbergt eine Ikonostase aus dem 16. Jh. Die als Bischofskirche im 19. Jh. errichtete Kirche **Mitropolis**, nahe der Platía Taksi in Néo Karlovássi, wurde auf den Mauern eines aus dem 15. Jh. stammenden Vorgängerbaus errichtet. Die Kirche demonstrierte den einstigen Reichtum der Stadt und wirkt heute etwas überproportioniert. Ebensolche Ausstrahlung hat die Kirche **Ágios Nikólaos** im Stadtteil Órmos, weithin durch ihre leuchtendblaue Kuppel zu erkennen. Sie ist während der Gottesdienste geöffnet.

Der Stadtteil **Palaío Karlovássi** ist über einen Fußweg oder über die Teerstraße vom Hafen aus erreichbar. Malerisch auf einem Felsrücken gelegen, reihen sich die kleinen Häuser dichtgedrängt entlang dem engen Dorfweg bis hinauf zur Dreifaltigkeitskirche auf dem Felskegel. Sie ist jedoch nur wegen ihrer Aussicht erwähnenswert. Nur langsam wird der ältere Teil Karlovássis wieder attraktiv, sprich: renoviert, und somit für einen Abstecher empfehlenswert. Den Spaziergang kann man gut in einer der beiden Dorfkneipen am Parkplatz beschließen.

Hotel Proteas (5 Sterne) KARLOVÁSSI

SAMOS

CAVA – Vereinigte Winzergenossenschaft von Samos

Samoswein soll, geht es nach Lord Byron, unsere Becher füllen. Und das tut er mehr, als wir denken. Rund 10 000 Tonnen pro Jahr produzieren die Bauern der Inselgenossenschaft in der 1934 entstandenen Großkellerei. Davon werden nur rund 10 % in Flaschen für den lokalen Markt abgefüllt, 90 % gehen in den Export. Die süßen, aus der weißen Moskato- und der roten Fokiatraube gewonnenen Weine bilden weiterhin den Hauptabsatz. Die trockenen Weine wie der Golden Samaina und die 1995 erstmals produzierten Dorissa (weiß) und Silana (rosé) sind vorwiegend für den lokalen Markt bestimmt. Der größte Abnehmer der Likörweine ist Frankreich, das jedes Jahr mit einem eigenen Tankschiff an die 1,5 Mio. Liter Samoswein abholt. Aber auch der Vatikan füllt seinen Keller mit dem Grand Cru aus Samos. Sogar bis nach Japan werden Samosweine in Tanks exportiert.

Die Hauptkellerei, direkt an der Odós Kanári in der Nähe des Hafens, kann täglich von 9 bis 14 Uhr besichtigt werden. Direktverkauf sämtlicher Sorten.

Essen und Trinken

Die Restaurants und Tavernen von Karlovássi konzentrieren sich alle rund um den Hafen und entlang der Hafenstraße Odós Kanári.

Archipelagos
Unmittelbar am Hafen gelegenes Restaurant, das hervorragende, aber auch teurere Fische vom Grill anbietet. Versuchen Sie unbedingt auch einmal die Kürbisbällchen als Vorspeise!
Tel. 02 73/3 39 46
Obere Preisklasse

Dionysos
Dimitrios Antonakakis betreibt ein anspruchsvolles Restaurant mit einer schönen Dachterrasse, das vor allem wegen seiner gepflegten griechischen Küche und den guten Fischgerichten beliebt ist.
Limáni Karlovássi
Tel. 02 73/3 43 86
Obere Preisklasse

Ouzéri Kyma
John Kazázis betreibt eine kleine Ouzéri mit einer großen Auswahl an Vorspeisen wie Muschel- oder Garnelen-Saganáki (aus der Pfanne).
Mesaío Karlovássi
Odós Kanári
Tel. 02 73/3 40 17
Untere Preisklasse

Psarades – To Limanaki – Sofia's Tavern
Rund 3 km in Richtung Samos-Stadt zweigt eine kleine Stichstraße zum Meer ab und führt direkt auf den stillen Weiler Ágios Nikólaos zu. Rund um die Kapelle liegen dicht aneinandergedrängt auf einer großen Terrasse direkt am Meer diese drei Fischtavernen, die noch sehr traditionelle Küche servieren.

Einkaufen

Die Einkaufsmeile von Karlovássi, die Odós N. Vliamou, liegt in Néo Karlovássi und führt direkt auf die Platía zu. Hier können Sie Dinge für den täglichen und örtlichen Bedarf bekommen und viel Lokalkolorit schnuppern. Wer sich allerdings auf eine ausgiebige Shoppingtour freut, kommt in Karlovássi sicherlich nicht auf seine Kosten. Denn mit dem reichhaltigen Souvenirangebot von Samos-Stadt kann es nicht konkurieren. Aber immerhin Zeitungen und touristische Artikel führen die Läden rund um Limáni.

Karlovássi – Golf von Marathokámpos

Am Abend

Auf und ab entlang der kleinen Hafenmole, so lautet das Motto in Karlovássi. Eine Alternative ist das in Hafennähe gelegene Freiluftkino. Am Wochenende und in der Hochsaison ist außerhalb (in Richtung Samos) eine der drei großen Diskotheken der Insel geöffnet:

Irodium
Musik bis zum Sonnenaufgang.
Tel. 02 73/3 47 97
Nur am Wochenende

Service

Olympic Airways
Tel. 02 73/3 24 88

Taxi
Tel. 02 73/3 33 00

Tourist Police
Tel. 02 73/3 24 44

Ziele in der Umgebung

Bergdörfer ■ b 1/b 2

Eine kurvenreiche und enge Straße führt von Karlovássi zu den kleinen Bergorten **Léka**, **Kastanéa**, **Nikoloúdes** und **Kosmadeí**. Letzterer ist eines der schönsten Beispiele zurückgezogener Wein- und Bauerndörfer, in dessen engen Gassen selbst ein Motorroller Schwierigkeiten hat und in dem wirklich alle Fahrzeuge am Ortseingang zurückgelassen werden müssen. Die Bergstraße führt durch die landschaftlich wunderschönen Abhänge des Kérkis mit seinen dichten Wäldern aus Zedern, Föhren und Macchia. Von Kastanéa aus führt eine geteerte Verbindungsstraße weiter nach Marathokámpos (→ S. 79).

Buchten der Robben ■ a 1/b 1

Ein kleines **kaiki** fährt in den Sommermonaten täglich zu den beiden westlich von Karlovássi gelegenen Buchten **Mikró** und **Méga Seitaní**. Die kleine und große Teufelsbucht waren ursprünglich Refugium der geschützten Mittelmeerrobben. Wegen der vielen Ausflugsboote haben sich die Robben jedoch in weiter westwärts gelegene, nicht erreichbare Buchten zurückgezogen. Dieser Ausflug ist also weder sinnvoll noch ökologisch zu empfehlen.

Golf von Marathokámpos ■ b 2

Am Golf von Marathokámpos, an den Ausläufern des Kérkis, liegen einige der schönsten Strände von Samos. Inzwischen ist die Straße fast bis zum Bergdorf Kallithéa an den schroffen westlichen Kérkishängen geteert. Vom Geheimtip für Rucksackreisende hin zum Ziel für Pauschaltouristen haben die Küstenorte in den letzten Jahren einen schnellen Wandel durchgemacht. So lassen manche der in aller Eile aus dem Boden gestampften Touristenherbergen den so geschätzten griechischen Charme vermissen und kompensieren dies mit dem »internationalen Flair« eines modernen Badeortes.

Wie ein mächtiger Schutzwall schirmt das Kérkismassiv die Orte der »Fenchelfeld« genannten Ebene Marathokámpos vor den starken Nordwinden ab. Ein Grund dafür, weshalb die Temperaturen hier im Sommer oft noch einmal um ein paar Grad höher sind als auf der Nordseite der Insel. Die Wassertemperaturen hingegen sind niedriger als an der Nordküste.

SEHENSWERTE ORTE UND AUSFLUGSZIELE

SAMOS

Kámpos und Voutsalakía ■ b 2

Der Ort mit dem einfachen Namen »Feld« und das anschließende Voutsalakía sind geradezu explosionsartig aufstrebende Badeorte mit langem Sandstrand, die inzwischen als Reiseziele für Pauschaltouristen angenommen wurden. Restaurants, Minimarkets, Auto- und Motorbike-Verleihe sind zahlreich vertreten.

Bootsausflüge zur vorgelagerten kleinen Insel **Samiopoúla** mit ihren schönen Sandstränden werden täglich während der Sommermonate mit dem **kaiki** »Manuela« für 4500 Drs. angeboten.

Von Voutsalakía aus führt ein eineinhalbstündiger Fußweg steil hoch zum **Kloster Evangelístrias**, das nach dem Zweiten Weltkrieg erbaut wurde und keine Kunstschätze beherbergt, aber ein schönes Wanderziel ist. Es scheint in 500 m Höhe am steilen Hang des höchsten Berges von Samos, dem Kerkis, zu kleben – die Aussicht, die man von hier oben über die Ägäis genießt, ist grandios. (→ Routen und Touren, S. 106).

Hotels/andere Unterkünfte

Agrilionas Beach
Podromos Antonakakis vermietet 9 Studios und 5 Apartments in einer recht schön gelegenen und stilvollen Anlage.
Tel. 02 73/3 73 79 oder 3 70 96
Mittlere Preisklasse

Anthemis
Für Inselverhältnisse ein Nobelhotel, das dem Ort ein Alibi dafür gibt, sich als Badeparadies anzupreisen.
Tel. 02 73/2 80 60, Fax 2 77 61
60 Zimmer
Obere Preisklasse

Essen und Trinken

Entlang der Küstenstraße ist die Auswahl an Restaurants und Tavernen groß.

Rinas
Traditionelle griechische Küche.
Zwischen Kámpos und Marathokámpos
Tel. 02 73/3 71 87
Mittlere Preisklasse

MERIAN-TIP

Psillí Ámos (feiner Sand) und manchmal sogar **Chrissí Ámos** (goldener Sand), so wird ein Strandabschnitt nach Voutsalakía genannt, der diese Bezeichnung wirklich verdient. Früher einmal Pilgerziel zivilisationsmüder Hippies und dementsprechend verdreckt, schmücken heute Sonnenschirme und Liegestühle den Strand, der trotz alledem nichts von seiner fast karibischen Schönheit verloren hat. Eine neue Apartment-Anlage, das Golden Sand (12 Apartments, Tel. 02 73/3 73 37, Fax 3 71 89, Obere Preisklasse), manifestiert den Wandel. Tavernen an der Straße sorgen für das leibliche Wohl. ■ b 2

Voutsalakía

Das auf der ganzen Insel wegen seiner landestypischen Küche geschätzte Lokal serviert in einer gepflegten Atmosphäre, mit Meeresblick.
Tel. 02 73/3 72 29
Obere Preisklasse

Marathokámpos und Órmos Marathokámpos
b 2

Dieser Ort gab der ganzen Ebene seinen Namen: Fenchelfeld. In der »Höhle des Pythagoras« soll der von Polykrates gejagte Wissenschaftler Schutz gefunden haben. **Marathokámpos** liegt an einem Hang oberhalb ausgedehnter Olivenhaine, die dem Dorf einen bescheidenen Wohlstand sichern. In schmerzhafter Erinnerung ist jedoch seinen Bewohnern bis heute die Zeit der deutschen Besatzung geblieben: Die widerständischen Aktionen der Partisanen wurden vom Wehrmachtskommandanten mit grausamer Härte vergolten.

Órmos Marathokámpos ist der zugehörige Hafenort und geht heute wie viele Küstenorte den Weg des Tourismus. Früher wurden in Órmos noch in mehreren Werften größere Fischerboote gebaut. Heute existieren nur noch zwei Werften, die lediglich kleine Holzboote für den lokalen Gebrauch anfertigen.

Hotels

Kérkis Bay
Vorwiegend von Veranstaltern gebuchtes Mittelklassehotel mit Restaurant.
Tel. 02 73/3 73 72
26 Zimmer
Mittlere Preisklasse

Orfeas Village
Viele Buchungen von Reiseveranstaltern, mit Swimmingpool.
Tel. 02 73/3 74 13
50 Zimmer
Mittlere Preisklasse

Schroff und unnahbar zeigt sich der Berg Vígla, eine der höchsten Erhebungen auf Samos. Er zählt zu den Ausläufern des Kérkis-Massivs.

Pythagório

■ e 2

1500 Einwohner

Tigáni, die Pfanne, so lautet der alte Name der geschäftigen Tourismusmetropole auf Samos. Gründe für diese Bezeichnung gab es wohl zwei: zum einen das kreisrunde Hafenbecken, das noch auf antiken Fundamenten aus der Zeit des Polykrates ruht und dessen Hafenmole sich wie der Stiel einer Pfanne weit ins Meer hinausstreckt. Zum anderen muß es die unerträgliche Hitze gewesen sein, die hier im Sommer herrscht und einen braten läßt, wenn man nicht in den Schatten flüchtet ...

Pythagório liegt auf der Südseite der Insel und ist gegen die aus Norden wehenden, starken Sommerwinde durch die hohen Bergrücken geschützt.

Zwar fehlt der Traumstrand vor der Haustür, dennoch ist Pythagório vom einstigen Fischerstädtchen zum Touristenzentrum geworden.

»Er stand auf seines Daches Zinnen...« – Friedrich Schiller erzählt in diesem Gedicht die Geschichte des Tyrannen Polykrates, der zwischen 538 und 522 v. Chr. von hier aus durch Gewalt, Unterdrückung, Säuberungsaktionen, neue technische Errungenschaften wie seine schnellen Ruderschiffe (Samaina) und durch Piraterie weite Teile der Ägäis beherrschte. Einerseits galt Polykrates als Förderer der Künste, andererseits mußte auf seinen Befehl hin der Wissenschaftler Pythagoras emigrieren. Selbst die innenpolitische Opposition gab unter seiner despotischen Führung auf und wanderte auf das Festland aus.

Polykrates' Herrschaft währte aber aufgrund der wechselnden Bündnisse der Großmächte in der Ägäis nicht lange. Damals hatte die Stadt 25000 Einwohner, ein Vielfaches der heutigen Zahl. Und obwohl der Tunnel des Eupalinos, die römischen Thermen, Reste der Stadtmauer, Heraion und überall verbaute Spolien der heiligen Straße seine historische Bedeutung dokumentieren, fällt es schwer, Pythagórios einstige Größe und Macht sinnlich nachzuvollziehen.

Angelvergnügen im Hafen von Pythagório: Ob heute wohl einer anbeißt?

PYTHAGÓRIO

Hotels

Doryssa Bay
Seit Jahren das Top-Hotel in Pythagório mit allem Drumherum, vom Tennisplatz bis zum Minimarkt. Direkt am Strand. Im Sommer großes Kinderprogramm.
Tel. 02 73/6 13 60, Fax 6 14 63
320 Zimmer
Obere Preisklasse

Hera II
Kleines, aber recht vornehmes Hotel etwas oberhalb vom Hafen.
Tel. 02 73/6 18 79, Fax 6 11 96
7 Zimmer
Mittlere Preisklasse

Labito I und II
In ruhiger Lage in der Altstadt.
Tel. 02 73/6 15 72, Fax 6 10 85
18 bzw. 54 Zimmer
Mittlere Preisklasse

Paris
Kleines Hotel mit einfachen, aber sauberen Zimmern, zentral gelegen.
Tel. 02 73/6 15 13
9 Zimmer
Untere Preisklasse

Sehenswertes

Eupalinos-Tunnel   ■ e 2
Mit einer gewaltigen technischen Meisterleistung sicherte der Architekt und Ingenieur Eupalinos von Megara zu Zeiten des Polykrates die Wasserversorgung der Stadt. Mit einem von beiden Bergseiten gleichzeitig begonnenen Tunneldurchstich (schätzungsweise 30 cm pro Tag wurden im harten Fels abgeschlagen) ließ er den nördlich der Stadt liegenden Berg durchbohren und in einem zweiten Schritt in einem extra Schacht, also einem zweiten Tunnel darunter, eine tönerne Wasserleitung legen. Nicht nur die Länge von

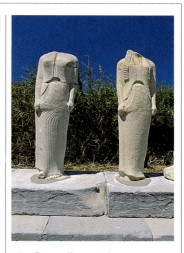

»Kopflos« sollte man das Heraion nicht besuchen – wer sich jedoch vorab über seine Geschichte informiert hat, wird viel Faszinierendes entdecken.

1045 m und die zentimetergenaue Arbeit an den zwei gegenüberliegenden Tunnelabschnitten sind beachtenswert. Eupalinos berechnete ebenso exakt, wie den wasserführenden Schichten im Gestein ausgewichen und das notwendige Gefälle bestimmt werden konnte. Obendrein wurde zum Schutz vor Feinden die Quelle unterirdisch eingefaßt und versteckt.
Di und Do–Sa 9–14, Mi und So 11.30–14 Uhr
Eintritt 500 Drs.

Heraion   ■ d 2
6 km westlich von Pythagório entfernt liegt eines der wichtigsten Heiligtümer der Antike. Unbedingt sollte man vor dem Besuch dieses Hera-Tempels jedoch das Archäologische Museum in Samos-Stadt (→ S. 87) aufsuchen. Denn als

TOPTEN 10

SAMOS

einziges beeindruckendes Monument ragt leider nur noch die »Colonna« – eine gewaltige Steinsäule – gen Himmel. Seit dem 9. Jh. v. Chr. wurde hier die Göttin Hera unter einem mit einem Lykosbaum bestandenen Steinaltar in Reinigungs- und Hochzeitszeremonien verehrt, bevor der Tempel gebaut wurde. Grabungsfunde belegen sogar eine Nutzung in der mykenischen Zeit vor rund 3000 Jahren. Im 7. Jh. v. Chr. wurde der Tempelbau vergrößert, zur Zeit der Tyrannis unter Polykrates, 560 v. Chr., sollte der Tempel monumentale Ausmaße erhalten. Von den Baumeistern Rhoikos und Theodoros wurde das Heraion um den Hekatompedon (»Hundert Fuß«), den größten Tempel Griechenlands, sowie um einen neuen Altar erweitert. Mit dem Mord an dem Tyrannen Polykrates kamen die Bauarbeiten ins Stocken, im 3. und 2. Jh. v. Chr. wurden sie wieder aufgenommen, jedoch nie vollendet.

Selbst die Römer zollten später dem Tempelareal ihren Tribut und errichteten eigene Bauten. Die heilige Straße führte vom heutigen Pythagório durch das Sumpfland direkt auf den zentralen Tempel zu. Schatzhäuser, Pilgerunterkünfte, Wohngebäude für die im Tempelbezirk Zuflucht suchenden Flüchtlinge, unzählige Weihegaben, Statuen und Thermen umgaben das heute unübersichtliche Areal.

Den Rundgang im Heraion sollte man nicht am Eingang beginnen, sondern zunächst das Areal durchqueren und auf dem kleinen Reststück der heiligen Straße zum Tempel hinwandern. Hinter der kleinen Apside einer frühchristlichen Kirche befand sich der ursprüngliche Hera-Altar, wie damals blüht hier ein Lykosbaum in leuchtendem Lila.
Di–So 8.30–15 Uhr
Eintritt 800 Drs.

Logothétis-Burg und Kirche Metamorfósis

Weithin sichtbar thront auf dem Kástro-Hügel die Burg des Logothétis, des samiotischen, in Karlovássi geborenen Freiheitshelden. Logothétis gelang am 6. August 1824 ein überraschender Sieg gegen die türkische Übermacht. Zum Dank dafür wurde auch die unterhalb liegende Kirche Metamorfósis errichtet, die mit den Worten »Christus rettete Samos am 6. August 1824« den Besucher empfängt.

Römische Thermen

Die Reste der römischen Badeanlage liegen direkt neben der Hauptstraße auf dem Wege zum Doryssa Bay Hotel. Gut erkennbar sind die Leitungssysteme, einige Bodenmosaike und Reste der Mauern.
Di–So 9–14 Uhr
Eintritt frei

Spilianís-Kloster ■ e 2

Auf dem Weg zum Eupalinos-Tunnel zweigt rechts eine kleine Fahrstraße zum Kloster Spilianís ab. Das kunstgeschichtlich kaum interessante Kloster wurde vor einer kleinen Grotte errichtet, die als Steinbruch schon das Material für die erste Hafenmole des Pythagoras gegeben haben soll. Im Grotteninneren ist eine kleine Wallfahrtskapelle. Ein Muß ist der Blick von der Klosterterrasse, denn von hier oben kann man am besten einen Eindruck vom antiken Samos gewinnen: Beim Rundblick über all die antiken Ruinenfelder erscheint das moderne Pythagório doch eher bescheiden.

Pythagório, das antike Samos und die Stadt des berühmten Mathematikers Pythagoras, hat ihrem großen Sohn ein spätes Denkmal gesetzt.

PYTHAGÓRIO

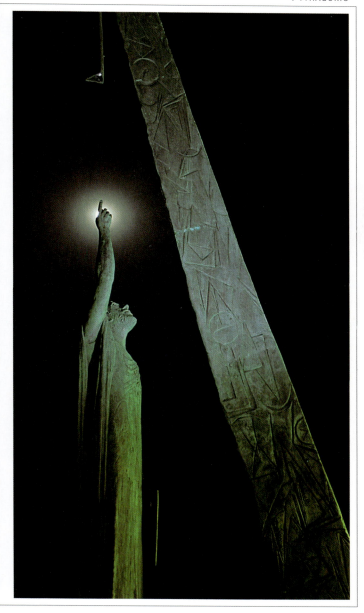

SEHENSWERTE ORTE UND AUSFLUGSZIELE
SAMOS

Museen 🏛

Archäologisches Museum
In einem Raum des Rathauses werden zahlreiche Fundstücke aus dem Heraion, (fast ausnahmslos kopflose) Statuen, Säulenreste und Votivgaben, ausgestellt.
Di–So 8.30–14 Uhr
Eintritt frei

Essen und Trinken ⊠

Im Gegensatz zu vielen anderen Orten findet man in Pythagório die besten Restaurants weniger am Hafen als – etwas zurückversetzt – in der Altstadt. In gemütlichen Innenhöfen speist man dann stilgerecht in weinumrankten Lauben und kann sich bei Live-Musik einmal ganz klassisch dem Klischee vom sommerlichen Griechenland hingeben.

Taverna Aphrodite
Geboten wird verfeinerte griechische Küche, z. B. gefülltes Lamm, in einem großen schönen Garten.
An einem Seitenweg der Hauptstraße
Tel. 02 73/6 16 72
Obere Preisklasse

Taverna Palladion
Direkt an der Hauptstraße Lykourgou Logothétis gelegen, eines der besten Lokale der Stadt, speziell mit seinen Fischgerichten.
Tel. 02 73/6 15 43
Obere Preisklasse

Einkaufen 👜

Mehrere Juweliere in Pythagório bieten erschwinglichen Silberschmuck an. Werfen Sie ruhig einmal einen Blick in ihre Läden (z. B. Sama, Aistis oder Aigaio) an der Hauptstraße. Wer Honig und Gewürze liebt, der muß nach Koumaradeí oder Pyrgos fahren.

Am Abend 😊

Bars wie das **Riva** oder **Sail In** offerieren gutgemixte Drinks. Man sitzt direkt »seaside« und genießt beim Sonnenuntergang einen der leckeren Hauscocktails, wie etwa den »Riva Tampico«. Wer tanzen möchte, geht entweder in den **Club Labito** oder in die Megadisko **Totem** zwischen Pythagório und Samos-Stadt.

MERIAN-TIP

Ausflug nach Samiopoúla Pythagório vorgelagert ist diese kleine Insel, die von Pythagório, manchmal auch von Órmos Marathokámpos aus angefahren wird. Das »kleine Samos« wird lediglich von einer Familie bewohnt: Vater Vassíli übernimmt nicht nur den Transport mit seinem Kutter, sondern betreibt auch eine nette Taverne mit einfacher, bodenständiger Küche. Ein kleiner Strand und strohgedeckte Sonnendächer garantieren sommerliche Badefreuden. Auf einer Holztheke gegenüber dem »Sail Inn« liegt ein Buch, in das man sich für die Überfahrt am nächsten Tag eintragen muß.
■ c 3

PYTHAGÓRIO – TIMÍOU STÁVROU

Ziele in der Umgebung
Megális Panagías ■ d 2

Das einst größte Kloster der Insel, das gegen Ende des 16. Jh. gegründet wurde, liegt etwas abseits der Hauptverbindung von Pythagório nach Karlovássi. Seit dem Tod des letzten Mönchs dient das Kloster nur noch während der sonntäglichen Messe zwischen 8 und 10 Uhr seinem ursprünglichen Zweck. Inzwischen ist man aber dazu übergegangen, in den Sommermonaten die Kirche für Besucher zu öffnen. Der gesamte Klosterkomplex ist in einem baulich sehr bedenklichen Zustand, wird aber stückweise renoviert. Hauptattraktion dieses kleinen Schmuckkästleins sind vor allem seine aus der Gründungszeit stammenden Fresken, die in ungebrochener Leuchtkraft und Schönheit den ursprünglichen Glanz des einstigen Klosters widerspiegeln.

Eindrucksvolle, 400 Jahre alte Fresken zieren die Kirche von Megális Panagías.

Mytilíni ■ d 2

Der kleine Bergort, einst gegründet von Siedlern aus Lesbos, ist knapp 10 km von Pythagório entfernt und beherbergt das Paläontologische Museum von Samos. Ausgestellt sind Knochenfunde u. a. von Raubtieren, Nashörnern, Giraffen, einem Mastodon (ein Vorfahre des heutigen Elefanten), die allesamt vor rund 8 bis 10 Mio. Jahren auf Samos lebten und deren Skelette man erst 1963 in der Stephanidisschlucht, 3 km von Mytilíni entfernt, ausgegraben hat. Vor langer Zeit muß Samos also noch direkt mit dem Festland verbunden gewesen sein.
Di–Fr 9–14 Uhr
Eintritt 1000 Drs.

Timíou Stávrou ■ c 2

Das Mönchskloster der »Kreuzerhöhung Christi« liegt zwischen Chóra und Koumaradeí. Es wurde 1592 gegründet. Besondere Beachtung verdient die filigran geschnitzte Ikonostase.
Mo–So 9–12 und 17–20 Uhr
Eintritt frei

SAMOS

Vathy/Samos-Stadt e1
6000 Einwohner

Wie ein großes Amphitheater umschließen die Berghänge, an die sich die Stadt schmiegt, das innere Ende der Bucht von Vathy im Osten von Samos. Seit 1855 ist Samos – Vathy ist der Name der alten Siedlung am Berghang – Verwaltungshauptstadt der Insel, seine direkte Lage am Meer ist untypisch. Denn früher wurden die Dörfer zum Schutz vor Piraten eher im Landesinneren oder hoch an die Berghänge des Amelos und des Kérkismassivs gebaut. Vathys Lage läßt demnach den Schluß zu, daß es zu einer Zeit der Neubesiedelung im 16. Jahrhundert gegründet wurde, nachdem die Insel jahrelang verlassen und unbesiedelt in der Ägäis lag.

Heute ist das moderne und wenig orientalisch anmutende Samos touristisch zunehmend interessanter geworden, nicht zuletzt wegen seiner Museen. Die relativ große Zahl von Reisenden, die sich direkt in Vathy einquartieren, mag zunächst etwas verwirren, denn der Ort hat kaum Strände. Da aber die meisten Besucher mobil sind und ein Moped oder Auto mieten, nutzen sie den Vorteil des »städtischen« Ambientes, die vielen Geschäfte und Restaurants. In einer knappen halben Stunde ist man mit dem Wagen in Kokkári oder an einem der abgelegenen Strände im Inselnorden. So verlaufen sich die wenigen Badetouristen in der Stadt, was einem das Gefühl nimmt, in einem Ferienghetto untergebracht zu sein. Wer im Urlaub auch griechischen Alltag erleben möchte, wohnt in Vathy nicht schlecht.

Badespaß in allen Größen: Schwämme gehören zu den beliebtesten Mitbringseln aus der Ostägäis.

VATHY/SAMOS-STADT

Hotels/andere Unterkünfte

Aiolis
Direkt am Hafen gelegen und als Unterkunft für die erste Nacht nicht zu verachten.
Odós Th. Sofoúli 33
Tel. 02 73/2 89 04, Fax 2 80 63
75 Zimmer
Mittlere Preisklasse

Avli
Wunderschöne Pension in einem alten Klostergebäude, mit ruhigem und tropischem Innenhof, in einer kleinen Seitengasse der Odós Logothétis gelegen. Ideal für längere Aufenthalte in Samos-Stadt.
Tel. 02 73/2 29 39
20 Zimmer
Untere Preisklasse

Samos
Direkt am Fährhafen gelegen, ist es bei später Ankunft eine gute Alternative, wenn man nicht gleich weiter möchte. Durchaus komfortable Zimmer mit schönem Hafenblick.
Odós Th. Sofoúli 11
Tel. 02 73/2 83 77, Fax 2 84 82
104 Zimmer
Untere Preisklasse

Trova
Einfache Pension, zwei Seitenstraßen hinter dem Hafenboulevard.
Odós Kalomiris 26
Tel. 02 73/2 77 59
Untere Preisklasse

Spaziergang

Der erste Weg wird sicherlich entlang der **Odós Th. Sofoúli** genannten Hafenmole hin zum Fährhafen führen. Linker Hand liegen die immer noch von hier auslaufenden kleinen Fischerboote vertäut, auf der anderen Straßenseite haben sich Cafés, Bars, Restaurants und Hotels angesiedelt, die die Odós Th. Sofoúli zum Boulevard im kleinen machen. Aber schon vor dem Fährhafen sollten Sie die Straßenseite wechseln und in eine der kleinen Seitengassen einbiegen, bis Sie zur Hauptgeschäftsstraße, der **Odós Lykourgos Logothétis**, kommen. Diese führt Sie direkt wieder zurück zum Hauptplatz, der **Platía Pythágoras**, umstanden von Cafés und Läden. Vom Platz zweigt die Odós Kapitan Stamati ab, eine kleine Gasse, die nun direkt zum Park und **Archäologischen Museum** hinführt. Wenn man gleich hinein will, so ist das Museumscafé im tropischen Stadtpark der angenehmste Platz für einen kalten Café frappé. Wer von hier aus Áno Vathy, das alte Vathy, erkunden will, das sich in engen Gassen malerisch den Berg hochzieht, muß nun eigene Wege finden. Verwinkelte Gasse, Treppchen und Stiegen führen durch den anheimelnden und belebten Stadtteil.

Museen

Archäologisches Museum
In zwei kleinen Gebäuden, das neuere wurde von der deutschen Volkswagenstiftung finanziert, finden sich vorwiegend Funde aus langjährigen Grabungen des Deutschen Archäologischen Instituts im Heraion, wo seit 1925 Freilegungen unter deutscher Leitung stattfinden. Jedem sei vor dem Besuch des Hera-Heiligtums (→ S. 81) zu einem Gang durchs Museum geraten, da hier knapp und übersichtlich, auch in deutscher Sprache, die wichtigsten Perioden und Funde erklärt werden. Im alten Gebäude sind neben den Votivgaben, Statuen und Keramikwaren vor allem auch sehr seltene hölzerne Fundstücke, wie z. B. eine Hera-Stele, zu sehen.

SAMOS

Der Neubau beherbergt neben der sogenannten Geneleos-Gruppe, einer Figurengruppe von sechs zusammengehörenden Statuen, als Hauptattraktion eine fast 5 m hohe Jünglingsstatue aus Stein, den **Koúros von Samos**. Dieser Koúros ist der mit am besten erhaltene und größte Fund seiner Art und zeigt in beeindruckender Weise, mit welcher Anmut und Feinheit die griechischen Bildhauer ihre Statuen selbst in dieser Größe schaffen konnten.

Dieser aus dem 7. Jh. v. Chr. stammende Jüngling wurde in Einzelstücken gefunden, wobei der erste Fund in die dreißiger Jahre zurückgeht. 1973 fand man den rechten Oberschenkel, aus einzelnen Fundstücken wurden über Jahre hinweg die Arme zusammengesetzt, 1980 entdeckte man bei Grabungen den Torso und wiederum durch Zufall 1984 den Kopf. Dieses jahrzehntelange Puzzlespiel wurde mit einer Erweiterung des Anbaus gewürdigt, indem man den Boden der Ausstellungshalle extra für den anmutigen und formschönen Torso des Jünglings um 2 m absenkte. Mit einer Höhe von fast 5 m und einem Gewicht von rund 4 t ist der Torso das größte Exemplar seiner Gattung und eines der ästhetischsten.
Di–So 8.30–15 Uhr
Eintritt 800 Drs.

Byzantinisches Museum
Nördlich des Hafens, inmitten eines noblen Villenviertels, ist das Byzantinische Museum untergebracht (in den Räumen des Bischofsamtes neben der Mitropolis). Ausgestellt werden sehenswerte liturgische Objekte wie Kreuze und Weihrauchgefäße, kunstvoll verzierte Meßgewänder und eine Sammlung kostbarer, teils handillustrierter Bücher.
Mo–Fr 9–13 Uhr
Eintritt 500 Drs.

Essen und Trinken

Golden Dragon
An der Straße nach Kalámi und Kótsika steht dieses chinesisch-thailändische Restaurant mit einem malerischen Zeltdach über der Terrasse.
Tel. 02 73/2 85 18
Obere Preisklasse

Petrino
Wenige Schritte hinter dem Samos-Hotel versteckt, liegt die Taverne Petrino, die vor allem typisch samiotische Gerichte, wie z. B. gefüllte Kalamares, auf der Speisekarte hat.
Tel. 02 73/2 45 55
Mittlere Preisklasse

Einkaufen

Michail Stavrinos betreibt in der Odós Kontaxi das älteste Juweliergeschäft Griechenlands – und das gibt es immerhin schon seit 1870. Neben einer Vielzahl von kuriosen Silberarbeiten wie Spiegel- und Ikonenrahmen, dem Koúros in Silber oder pompös versilbertes Tafelgeschirr, kann man bei ihm auch wunderschöne Repliken von altgriechischen Schmuckstücken finden (→ MERIAN-Tip, S. 23).

Touristisch etwas ansprechender aufgemacht, wenn auch nicht mit so langer Tradition und soviel Ambiente, sind die beiden Gold- und Silberschmuckläden **Konstantákis**, beide in der Odós Logothétis. Auch bei Konstantákis kann man schöne Kopien antiken griechischen Museumsschmucks finden.

Ein weicher Brandy ist so manchem Liebhaber mehr als ein paar Drachmen wert. Eine besondere Auswahl griechischer Destillate – vor allem älterer – bietet das Geschäft in der Odós Kapitan Stamati, bei dem der Name schon alles sagt: **Metaxa**.

VATHY/SAMOS-STADT

Am Abend

Wie überall gehört die abendliche Vólta am Hafen, wo ausreichend Cafés und Music-Pubs vorhanden sind, zu den Lieblingsbeschäftigungen der Einheimischen und der Urlaubsgäste. In den Hochsommermonaten Juli/August kann man hier auch Kulturelles wie Tourneetheater oder Musikveranstaltungen erleben, die aber nur kurzfristig plakatiert werden.

Metropolis
Großer Diskoschuppen in einem nicht zu übersehenden, eigenen Gebäude hinter dem Bahnhof. Oberhalb der Odós Kanári

Totem
Eine der größten Diskotheken Griechenlands, angelegt wie ein Amphitheater, mit einem Tanzpalast, drei Bars und eigenem Schwimmbassin. Wegen ihres martialischen Äußeren nicht zu verfehlen.
Hauptstraße von Vathy nach Pythagório (ca. 4 km außerhalb von Vathy)

Service

Auskunft

Tourist Information
Nahe der Platía Pythágoras in einer Seitengasse
Tel. 02 73/2 85 30, Fax 2 78 63

Busse
Odós Th. Sofoúli (in Richtung Pythagório)
Tel. 02 73/2 72 62 oder 2 72 82
Busfahrpläne sind im Büro der Tourist Information erhältlich.

Olympic Airways
Odós Kanári
Tel. 02 73/2 72 37

Polizei
Tel. 02 73/2 10 00

Taxi
Platía Pythágoras
Tel. 02 73/2 84 04

Tourist Police
Beim Busbahnhof.
Tel. 02 73/2 79 80

MERIAN-TIP

Taverna Posidónio Nirgendwo sonst auf Samos kann man so gut Fisch essen wie bei den Brüdern Kerzékos, die bereits seit 1965 die Taverne Posidónio im gleichnamigen Dorf betreiben. Allein der Blick in die Kühltheke mit der großen Auswahl an Edelfischen überzeugt jeden Feinschmecker. Hummer und Krabben werden immer in einem großen Korb direkt im Meer frischgehalten. Und was schließlich auf dem Teller landet, ist ein Gedicht. Einziger Nachteil: Das Lokal wird manchmal von Ausflugsgesellschaften besucht. Dann ist der Platz rar. Posidónio, Tel. 02 73/2 22 67, Obere Preisklasse
■ f 2

SAMOS

Ziele in der Umgebung

Agía Zóni und Ágios Zoodóchos Pigí ■ f1

Ein kahler Bergrücken östlich von Vathy schützt die Stadt vor den üblichen Nordwinden. Eine schmale Asphaltstraße führt in wenigen Serpentinen über einen kleinen Paß und in eine überraschend grüne, von Ölbäumen, Feigen und Weinreben bewachsene Ebene. Hier finden sich die beiden Klöster Agía Zóni und Ágios Zoodóchos Pigí, beide im 17. Jh. gegründet. Das Kloster des »Heiligen Gürtels« – Agía Zóni – gleicht in seinem Äußeren eher einem groß angelegten, stark ummauerten Gutshof. Es kann nur bedingt besichtigt werden.

Anders hingegen das Kloster des »lebensspendenden Quells«, das hoch über dem Meer in einer kahlen Felswand liegt und von dessen Terrasse man einen prächtigen Blick auf das türkische **Kap Mykale** genießt. Der lebensspendende Quell ist übrigens ein einfacher Brunnen im Innenhof. Das Kloster – beachtenswert die reichverzierte Ikonostase – ist von 7–13 und 16–20 Uhr geöffnet.

Kokkári ■ d1

Die kleine, mit malerischen Fischerhäuschen bestandene Landzunge von Kokkári findet sich in jedem Samosprospekt (Foto → S. 107). An das felsige Stückchen Strand schmiegen sich dichtgedrängt kleine Häuschen, zu denen ein schmaler Fußweg führt. Das nur wenige hundert Einwohner zählende Dorf ist innerhalb der letzten Jahre zum bedeutendsten Urlaubsort von Samos aufgestiegen. Sein romantisches Fischerdorf-Ambiente wurde dadurch zerstört. Nun gleicht es mit seinen vielen Cafés und Bars an der Hafenpromenade einem x-beliebigen Bade- und Urlaubsziel. Seine Strände gehören allerdings wirklich zu den besterschlossensten, gepflegtesten und, mit Ausnahme des Strandes Psillí Ámos östlich von Pythagóri, zu den schönsten der Insel. Weitere Strände liegen wenige Kilometer westlich von Kokkári in zwei schönen Buchten mit Kiesstrand: **Lemonákia** und **Tsamadoú**. In beiden sind auch kleine Sommertavernen bzw. eine Bar zu finden. Schirm- und Liegestuhlverleih vor Ort.

Hotels/andere Unterkünfte

Vermietet wird hier alles, vom Luxusapartment bis zum einfachen Zimmer mit Familienanschluß. Ein fragender Blick genügt, und man erhält das erste Angebot.

Arion
Das einzige Hotel der Oberklasse, das vorwiegend durch Reiseveranstalter gebucht wird. Bungalowstil, Bar, Restaurant und Swimmingpool.
Tel. 02 73/9 20 20, Fax 9 20 06
81 Zimmer
Obere Preisklasse

Beach Hotel
Am Küstenstreifen gelegenes Hotel mit Pool, Strandbar und eigenem Windsurfingclub.
Tel. 02 73/9 22 38 oder 9 22 63
Fax 9 23 81
45 Zimmer
Mittlere Preisklasse

Olympia Village
Nur wenige Meter vom Strand entfernte, üppig begrünte Bungalowanlage mit 2-Zimmer-Apartments.
Tel. 02 73/9 24 20, Fax 9 24 57
22 Apartments
Mittlere Preisklasse

Essen und Trinken

Farmer's Restaurant
An der Hauptstraße gelegen, bekannt für gute Fleisch- und Gemüsegerichte.
Obere Preisklasse

Piccolo Porto
Wer zur Abwechslung wirklich gute italienische Pizza, Nudelgerichte oder ein **Filet á la piccolo porto** wünscht, der sollte zu Nikólaos Grevías Restaurant am Hafen wandern.
Mittlere Preisklasse

To Avgo tou Kokora
Gemütliche Strandtaverne am Kokkári-Strand mit »Glossa tis Petheras« – »Zunge der Schwiegermutter«.
Tel. 02 73/9 21 13
Mittlere Preisklasse

Am Abend

Natürlich zieht es alle zum Hafen in Cafés, Bars oder Music-Pubs. Live-Programm bietet der **Club Capana** an der Hauptstraße.

Posidónio ■ f 2

Als eine der schönsten und unzerstörtesten Buchten erweist sich der »Entenstrand« bei Posidónio, ganz im Osten der Insel. Tatsächlich schnäbeln hier die Enten im Salzwasser und gehen zwischen den Liegestühlen der nicht sehr zahlreichen Gäste umher. Die wenigen Bauten, zwei davon werden als Apartments und Studios vermietet, stören ebensowenig das harmonische Bild wie die beiden großen Tavernen, deren Terrassen direkt ins Meer hineinragen. Das Wasser ist klar, kein Lärm von Autos, kein flippiges Strandleben – eine Oase
(→ MERIAN-Tip, S. 89).

Vourliótes, Manolátes und das »Nachtigallental« Valeondádes ■ d 1

Von Kokkári aus bieten sich kleine Ausflüge in die nahe gelegenen Bergorte am Fuße des Ampelós an. Die Hänge des Ampelós (Weinberg) erinnern an die Toskana: Zypressen, dichte Platanenwälder mit von Efeu umrankten Stämmen, rosa blühender Oleander, Olivenhaine und immer wieder Weinterrassen.

Vourliótes ist ein malerisches kleines Bergdorf mit schöner Platía. Manolátes, ein blumenreiches Weinbauerndorf, hat sich inzwischen zum Auflugsziel schlechthin gemausert. Auf dem Weg dorthin durchfährt man das Nachtigallental, eine üppig bewaldete Schlucht, in der selbst im Sommer ein Bach fließt. Gemütliche Restaurants und Tavernen im Schatten der Platanen laden zum Mittagsstopp ein
(→ Routen und Touren, S. 107).

Hotels/andere Unterkünfte

Wer die Kühle der Berge dem Rummel am Strand vorzieht, vielleicht lieber wandert, dem seien zwei Adressen empfohlen:

Daphne
Am Eingang des Nachtigallentals gelegenes Hotel, das Studios und Apartments vermietet. Swimmingpool, phantastische Aussicht.
Platanakía
Tel. 02 73/9 40 03
30 Zimmer
Mittlere Preisklasse

Mary's House
Einfache Zimmer mit Meerblick.
Vourliótes
Tel. 02 73/9 32 91
Untere Preisklasse

CHIOS: MIT DEM AUTO

ROUTEN UND TOUREN

Drei Tagesfahrten

Viel Abwechslung und landschaftlich interessante Strecken: Der Charme von Chios eröffnet sich vor allem bei halb- oder ganztägigen Rundfahrten und Ausflügen ins Landesinnere.

Wer eine Inselrundfahrt durch Chios macht, wird sich über die guten Straßen wundern. Die folgenden drei Ausflüge sind gut an je einem Tag zu bewältigen und lassen genügend Zeit für Badestopps und Besichtigungen.

1. Tour: Von Chora/Chios aus führt die Straße hoch nach **Geórgios Sikoússis** oberhalb des Kámpos, wo Sie einen phantastischen Ausblick von einem Panoramarestaurant genießen können. Weiter durch bergige Landschaft zum Strand von **Agía Iríni** (gute Bademöglichkeit) an die einsame Westküste. Durch den verschlafenen früheren Fährhafen Liménas führt die Straße weiter zu den faszinierenden Mastix-Dörfern **Mestá, Olympi** und **Pyrgí**. Über **Armólia** und den Kámpos fährt man zurück nach **Chios**.

2. Tour: Von Chios nach **Ágios Márkos** zum Kloster Néa Moní und weiter zu den verlassenen Dörfern **Avgónyma** und **Anávatos**. Von dort müssen Sie die Straße wieder zurückfahren bis Avgónyma und den Weg Richtung Küste wählen. Auf einsamer Küstenstraße erreicht man das von einer byzantinischen Festung überragte **Volissós** und die Hafenorte Limniá und Límnos. Über die menschenleere Hochebene am **Marathóvounos** geht es zurück nach Chios.

3. Tour: Stichfahrt vorbei am Daskalópetra und dem Kloster Mersinídiou nach **Langáda** zum Mittagessen. Weiter zu den Seefahrerorten **Kardámyla** und **Mármaro** mit Badestopp am Strand.

Dauer: jeweils Tagesausflug
Karte: → Klappe vorne

Ein Muß: die Platía von Pyrgí

In den einsamen Westen verirren sich nur wenige Touristen

Bild S. 93: Wer sich ins Inselinnere aufmacht, wird ein Stück ursprüngliches Chios kennenlernen – eine Rast im Kafeníon gehört dazu.

Chios: Mit dem Auto

Chios: Zu Fuss

ROUTEN UND TOUREN

Rund um das Kloster Néa Moní

Eine Wanderung zur kunsthistorisch bedeutendsten Sehenswürdigkeit von Chios. Sehr stimmungsvoll!

Néa Moní ist seit 1990 Weltkulturdenkmal

TOPTEN 2

Ganz in der Nähe des Klosters Néa Moní können Sie auch dem mittelalterlichen Anávatos einen Besuch abstatten – bleiben Sie einfach bis zur Endstation im Bus!

Das berühmteste Kloster der Insel liegt nur knapp 14 Kilometer von der Hauptstadt entfernt, umgeben von karstig schroffen Kalkfelsen und Fichtenwäldern, geschützt in einem einsamen Seitental. Diese Rundwanderung, deren Länge man je nach Kondition und Laune selbst bestimmen kann, führt durch eine einsame und menschenleere Landschaft. Nur das Kloster Néa Moní selbst sowie Ágii Patéres sind bewohnt. Festes Schuhwerk und ausreichende Wasserverpflegung sind unerläßlich.

Ausgangspunkt ist das Kloster Néa Moní selbst, das Sie entweder mit dem Bus Richtung **Anávatos** (Aussteigen an der Abzweigung Néa Moní, anschließend drei Kilometer Fußmarsch im schattigen Fichtenwald) oder mit dem eigenen Auto erreichen. Hinter dem Kloster steigt in Ser-

pentinen im kahlen Fels der alte Fußweg hoch zum renovierten Männerkloster Ágii Patéres. Nach rund einer halben Stunde erreicht man das Kloster und hat mit einer Höhe von rund 750 Metern den höchsten Punkt der Rundwanderung erreicht. Männer haben die Möglichkeit, das Kloster zu besichtigen, dessen Eingang direkt zur Kapelle führt. Sie ist in die Eremitenhöhle gebaut, in der die drei heiligen Männer ihre Lichtererscheinung sahen. In der Klosterkirche liegt auch das Grab des Gründers. Die gesamte Klosteranlage wird heute nur noch von vier Mönchen bewohnt.

Das Kloster Ágii Patéres wurde 1868 erbaut

Ausblick auf die türkische Küste

Blicken Sie in Richtung Osten, erkennen Sie bereits das nächste Zwischenziel, die kleine Kirche **Ágios Giorgis**. Ein Schotterweg führt vom Kloster in Richtung Süden in den kleinen Talkessel und trifft auf einer Almwiese auf einen weiteren Weg. Hier halten Sie sich rechts und steigen etwa 15 Minuten hoch zur Kirche. Der Ausblick auf die Ostküste von Chios, die Ebene des Kámpos und die nahe türkische Küste ist gewaltig und macht deutlich, daß die Inseln einmal mit dem Festland verbunden gewesen sein müssen.

Der Weg führt wieder zurück auf die Almwiese, dann weiter talwärts, bis man nach fünf Kilometern auf eine kleine Brücke trifft. Linker Hand führt der Weg wieder hoch zum Kloster Néa Moní oder nach zwei Kilometern zum Parkplatz, rechter Hand folgt man ihm drei weitere Kilometer, streckenweise einem kleinen Bachlauf entlang, und trifft schließlich wieder auf die Teerstraße von Chóra/Chios. Per Autostopp erreichen Sie die rund zehn Kilometer entfernte Stadt. Wenn Sie immer noch wandern mögen, dann folgen Sie einfach den Feldwegen den Hang hinunter nach Chios, das ständig in Ihrem Blick liegt. Vielleicht beschließen Sie die Wanderung mit einem Abendessen bei Hotzas (→ MERIAN-Tip, S. 39).

Für Unermüdliche: Abstieg nach Chios

Dauer: ca. 3,5 Stunden, bis Chios 6 Stunden
Karte: → Klappe vorne

LESBOS: MIT DEM AUTO

Inselrundfahrt

Eine Rundfahrt von Mytilíni führt in vier Tagen durch die abwechslungsreiche und unterschiedliche Landschaft von Lesbos. Fast könnte man vergessen, daß man auf einer Insel weilt.

Lesbos ist die einzige Insel, die zu einer mehrtägigen Rundfahrt lockt, denn wer hier Stichfahrten unternehmen will, braucht viel Sitzfleisch. Damit man nicht nur den ganzen Tag im Auto sitzt, sollte man diese Rundreise auf vier Tage konzipieren.

Der Aquädukt von Mória überspannt ein Tal voller alter Obstbäume

Das gesellige Leben von Mytilíni spielt sich auf der Uferpromenade ab.

1. Tag: Ausgangspunkt ist die Hauptstadt **Mytilíni**. Vorbei am östlichen Hafen führt die Straße zunächst nach **Mória**, wo man die Reste des Aquäduktes besichtigen kann. Man folgt der Hauptstraße in Richtung Mandamádos, passiert dabei **Pyrgís Thermí** mit seinen Wohntürmen und den Thermalquellen und gelangt zwischen **Mistegná** und **Mandamádos** in eine vorwiegend von Ölbäumen bestandene Region. Immer wieder führen kleine Sandwege an die Felsenküste, wo

sich ein kleiner Badestopp einlegen läßt. Suchen Sie sich Ihre eigene Bucht!

36 Kilometer nach Mytilíni erreicht man Mandamádos. Staubige Sandpisten führen an der Taxiárchis-Kirche hinunter zum völlig einsamen Golf von Mákri Giálou und dem Minihafen von **Paliós**. Der Rückweg von diesem einsamen Abstecher führt über Schotterpisten zur Hauptstraße zurück, der man bis **Skála Sykaminías** folgt. Entlang der Nordküste gelangt man nun über eine Sandstraße zum Badeort **Molyvos**, dem Quartier der ersten Nacht.

Das Etappenziel Molyvos wird von einer Burgruine gekrönt

2. Tag: Über **Pétra** geht es nach **Skoutáros**, danach verwandelt sich die Asphaltstraße wieder in eine Staubpiste. Das Ende aller Stoßdämpfer naht, und erst wieder in Fília auf der Asphaltstraße wird ihnen Gnade gewährt. Über **Ántissa** mit seiner malerischen Platía gelangt man in den einsamen Inselwesten, nach Sígri und in den Versteinerten Wald. **Skála Eressoú** ist geeignet für die zweite Übernachtung.

In Skála Eressóu finden Strandfans ein kleines Paradies

3. Tag: Zurück über Ántissa und Fília zu den beiden Klöstern **Limónos** und **Myrsiniótissas**, Mittagspause am Strand von **Skála Kallonís**. Über die gutausgebaute Straße nach **Mytilíni** fährt man nun weiter bis zur Abzweigung nach **Agíassos**, wo man die Wallfahrtskirche besichtigen kann. Auf einer abenteuerlichen Schotterstraße durch den vor ein paar Jahren abgebrannten Wald erreicht man nach gut einstündiger, kurvenreicher Fahrt am Dörfchen Megalochóri vorbei den Badeort **Plomári**.

Plomári – Heimat des Ouzo

4. Tag: Da man für die Fahrt zurück nach Mytilíni nur noch gut eineinhalb Stunden benötigt, bleibt genügend Zeit für eine Strandexkursion. Einer der abseits gelegenen Strände ist über die Schotterstraße zu erreichen, die kurz vor Skópelos rechts nach **Tárti** abbiegt. Von hier aus benötigt man ca. eine halbe Stunde bis zu den einsamen Kieselstränden vor Tárti. Auf dem Rückweg kann man noch die Katakomben von **Skópelos** besichtigen.

Der letzte Tag steht im Zeichen von Sonne, Strand und Wasser

Karte: → Klappe hinten

LESBOS: MIT DEM FAHRRAD

Auf den Olympos

Wer sich einmal richtig austoben will, steigt aufs Mountainbike. Der Thron der Götter ist der Olympos auf Lesbos nicht, dafür ist aber diese Tour um so anspruchsvoller.

Bevor es losgeht vielleicht ein erfrischendes Bad am Strand von Vaterá?

Die sicherlich anstrengendste Art, den mit 969 Metern höchsten Berg des Olymposmassivs zu erklimmen, ist von Vaterá aus mit dem Mountainbike. Da man fast 1000 Höhenmeter zu überwinden hat und eine einfache Strecke gut 35 Kilometer lang ist, kann man durchaus von einer guten Tagestour sprechen.

Entlang dem Strand von Vaterá ist die Straße noch geteert, biegt sie aber in Richtung Káto Stávros ins Gebirge ab, fährt man weitgehend auf Schotterpisten. Die Anstiege sind mittelsteil; weite Strecken führen durch schattige Wälder. Trotzdem sollte man bei dieser Tour den heißen Sommer meiden.

Vorbei am kleinen Bergdorf Ambeliko schlängelt sich die Piste weiter nach oben, bis sie die beschilderte Abzweigung, die direkt zum Gipfel führt, erreicht. Ab hier heißt es dann kräftig in die Pedale steigen, vor allem an den letzten schwindelerregenden Kurven im blanken Felsen. Dafür lohnt der Ausblick um so mehr. Die Bremsen für die rasante Talfahrt auf derselben Strecke zurück (Sturzhelm empfiehlt sich) sollte man natürlich schon vorher geprüft haben.

Das größte und blumenreichste Bergdorf der Insel: Agíassos

Zu Fuß geht es vom Parkplatz des Wallfahrtsortes **Agíassos** aus in guten drei Stunden durch die schattigen Nadelwälder zum Aussichtsgipfel mit einem »Wald« von Antennen. Der Wanderweg trifft am Fuß des Felskegels auf die Schotterstraße.

Dauer: Tagesausflug
Karte: → Klappe hinten

LESBOS: ZU FUSS

Trekkingtour von Vaterá über den Olympos und nach Plomári

Eine Zweitageswanderung durch schattige Wälder, deren fast 1000 Höhenmeter auch anspruchsvolle Tourengänger zufriedenstellen werden.

Ausgangspunkt dieser reizvollen Wanderung ist der mehr als zehn Kilometer lange Sandstrand von Vaterá, der vor allem auch Familien mit Kindern alle Annehmlichkeiten eines schönen und erholsamen Badeurlaubes bietet.

Bei Tagesanbruch, wenn noch die morgendliche Kühle und eine leichte Meerbrise die sommerliche Hitze vertreiben, wandert man entlang dem Strand gen Osten, bis man an dessen Ende auf den Flußlauf von Voúrkos trifft. Immer am Wasser entlang folgt man nun dem Voúrkos

Zum »Wachwerden« eine Strandwanderung

Auch die Ziegen scheinen den Ausblick vom Olympos zu genießen.

LESBOS: ZU FUSS

Stille und Ursprünglichkeit: Káto und Áno Stavros

flußaufwärts, bis man zu den beiden kleinen Ansiedlungen Káto Stavros und Áno Stavros gelangt. Hier sollte man ruhig eine kleine Rast in einem der Kafenía einlegen, bevor der weitere Anstieg immer gen Osten durch ausgedehnte Olivenhaine und später durch Pinienwälder in das Dörfchen Ambeliko mit seinen Cafés, einer wunderschönen Kirche und einem mittelalterlichen Kastell führt.

»Aussichtsreiche« Belohnung für Gipfelstürmer

Von Ambeliko steigt nun der Weg gen Norden an, auf der östlichen Seite vorbei an den felsigen Kegel des Olympos. Eine Stichstraße (→ Fahrradtour, S. 98) führt hoch zum aussichtsreichen Gipfel.

In Agíassos können Sie den letzten Sandoúri-Spieler der Insel besuchen – Jannis Kukurjos

Über den mit blauen Markierungen gekennzeichneten Fußweg steigt man anschließend vom Olympos hinab in den Wallfahrtsort Agíassos. Die Pilgerunterkunft direkt an der Kirche bietet eine einfache, aber stimmungsvolle Übernachtungsmöglichkeit. Früh am nächsten Morgen bricht man auf in südlicher Richtung nach Idríma, das man nach knapp einer Stunde auf der ausgewaschenen Piste erreicht. Auch wenn man hier nun auf einer »Fahrstraße« wandert: Die Strecke Agíassos–Megalochóri ist landschaftlich besonders reizvoll, und der Marsch durch die schattigen Pinienwälder lohnt. Von Idrima folgt man nun weiter der wenig befahrenen Straße in das zwölf Kilometer entfernte Megalochóri hoch über der Küste von Plomári. Hier stößt man auf die asphaltierte Straße, und wer nicht zu Fuß in das sieben Kilometer entfernte Plomári absteigen will, nimmt jetzt den Bus oder ein Taxi, um schnell und unkompliziert an die Badestrände von Ágios Issídoros zu kommen. Wandert man in der Hauptsaison im Hochsommer, kann man mit einem der Ausflugsboote auf dem »Seeweg« wieder nach Vaterá zurückkehren.

Im Megalochóri gibt es einen sehenswerten Dorfbrunnen aus dem 19. Jh.

Gehzeit: 1. Tag ca. 7 Std., 2. Tag ca. 4–6 Std.
Karte: → Klappe hinten

LESBOS: ZU FUSS UND PER BOOT

Ausflug nach Skála Sykaminías

Die Küstenwanderung führt zu einem der malerischsten Fischerhäfen der Insel.

Dieser Tagesausflug verbindet eine Wanderung mit den Annehmlichkeiten einer Bootsfahrt. Deshalb müssen Sie sich am Tag vorher mit einem der Kapitäne der Ausflugsboote im Hafen von Molyvos verständigen. Buchen Sie bei ihm aber lediglich die Rückfahrt vom malerischen Hafen in Skála zurück nach Molyvos. Am nächsten Morgen führt in einer gut dreistündigen Wanderung der Weg über Eftaloú, vorbei an den heißen Quellen, entlang der Küstenregion nach Skála Sykaminías. Sobald der Weg nach etwa zwei Stunden wieder den Strand erreicht, finden Sie mit etwas Aufmerksamkeit heiße Fumarolen im Kies. Ein paar Schritte weiter erreicht man die erste Taverne und bald auch das Ziel, den Fischerhafen **Skála Sykaminías**. Die Hafentavernen und Restaurants mit ihren buntgedeckten Tischen unter den großen Platanen laden zur Rast. Im Hafen wartet das Ausflugsboot zur Rückfahrt.

Die türkische Küste zum Greifen nahe, führt der Weg durch einen besonders grünen Teil der Insel

Fumarolen: Vulkanische Zeugen der Vergangenheit

Vom Boot genießt man den Blick auf das Bergmassiv des Lepétimnos

Dauer: Tagesausflug
Karte: → Klappe hinten

Schöner kann man kaum irgendwo auf Lesbos sitzen: der malerische kleine Fischerhafen der winzigen Küstensiedlung Skála Sykaminías.

Rund um den Kérkis

Still, leise und abgeschieden: Die Dörfer an den Hängen des Kérkis führen ein vom touristischen Rummel unberührtes bäuerliches Leben.

Bei großer Sommerhitze sollten Sie nicht zu spät losfahren

Ausgangspunkt ist Karlovássi. Neben dem Hotel Asplasia zweigt die kleine Bergstraße ab nach Léka. Auf dem steilen Weg nach oben weist ein kleiner Wegweiser zur Kapelle des heiligen Johannes, die über eine staubige Seitenstraße zu erreichen ist. Nach wenigen hundert Metern führt eine Stichstraße nach Kosmadeí, einem winzigen romantischen Bergdorf. Auf der Fahrt dorthin passiert man eine malerische Schlucht mit einem kleinen Bach. Im Weiler **Nikoloúdes** mit schattiger Platane läßt sich eine Rast einlegen. Am nächsten Ort – Kastanéa – zweigt am Ortseingang die inzwischen ausgebaute Straße nach Marathokámpos ab. Das üppige Grün der Kérkiswälder wird nun abgelöst vom heißen und steinigen Felsengrund an den Südhängen. Nach wenigen Kilometern ist Marathokámpos und schließlich die heiße Südküste erreicht. Zwei gute Gründe für den Stopp: Zum einen gibt es hier neben der herrlichen Aussicht auch gutes Essen, zum anderen führt ein Weg hinunter an den samiotischen Paradestrand. Nach Essen und Bad kann man den Weg über Agía Kyriakí zu den Bergdörfern **Kallithéa** und **Drakeí** fortsetzen. Ab Limniónas verläßt die Straße die Küste und führt zurück in die schattige Bergwelt bis zum einsamen Drakeí. Ein sechsstündiger Fußmarsch führt von hier vorbei an den Teufelsbuchten nach Karlovássi – mit dem Auto müssen Sie jedoch auf derselben Straße zurückfahren, die Sie nach Drakeí geführt hat.

Hinter Kastanéa kommt man an einem kleinen Wasserfall vorbei

An den Wasserläufen blüht der Oleander

Hoch über dem Meer gelegen: Drakeí

Bild S. 103: Auf der Fahrt zum Bergdorf Kosmadeí erlebt man das bäuerliche Samos von seiner schönsten Seite.

Dauer: Tagesausflug
Karte: → S. 75

SAMOS: MIT DEM AUTO

Rundfahrt durch den Inselosten

Ein kurvenreicher Tagesausflug führt in den Osten von Samos und dicht bis an das türkische Festland heran.

Inselhauptstadt Vathy

Ausgangspunkt ist Vathy. An der Hauptstraße Th. Sofoúli zweigt etwas versteckt eine kleine Asphaltstraße ab, der Wegweiser an der Kreuzung weist zum Kloster Agía Zóni und zum Ort Paleokástro. Zunächst windet sich die Straße durch den Stadtteil Áno Vathy und geht am Ortsende in eine Paßstraße über, die sich durch die trockenen und unwirtlichen Hänge über Vathy schlängelt. Wenn sich die Straße teilt, hält man sich rechts und gelangt zum Kloster Agía Zóni. Dem Klosterweg folgend kommt man wieder auf die Teerstraße, die zum Kloster **Ágios Zoodóchos Pigí** führt. Auf derselben Strecke geht es nun wieder zurück über Agía Zóni bis zum Ort Paleokástro. Von hier aus führt eine Stichstraße durch dichte Olivenhaine an den Strand. Unbedingt einkehren sollte man dann natürlich auch in der Taverne Posidónio (→ MERIAN-Tip, S. 89).

Kloster Agía Zoni: Mittagsruhe beachten!

Posidónio, der vielleicht ruhigste Ort auf Samos

Dauer: Tagesausflug
Karte: → S. 75

Es muß nicht immer Sandstrand sein: Der Osten von Samos bietet auch reizvolle Badegelegenheiten auf glatten, rundgeschiffenen Steinen.

SAMOS: PER BOOT UND ZU FUSS

Von Karlovássi zu den Teufelsbuchten

Wenn Sie das Ausflugsboot verlassen haben, eröffnet sich die stille mediterrane Insellandschaft des östlichen Samos.

Buchen Sie am Tage vorher im Hafen von Karlovássi die Passage zur Bucht Méga Seitaní, zur großen Teufelsbucht, in der Robben leben. Die Robben gehören zu den letzten lebenden Exemplaren; griechische Naturschützer haben ein Programm zu ihrer Erhaltung ausgearbeitet. Warum die beiden malerischen Buchten – es gibt noch die kleine Teufelsbucht – ausgerechnet diesen diabolischen Namen tragen, weiß keiner. Die Teufelsbuchten sind inzwischen, nachdem sich die letzten Mittelmeerrobben zurückgezogen haben und nur in den Wintermonaten noch hierherkommen, zu einem beliebten Ausflugsziel geworden.

Das Hafen- und Hotelviertel von Karlovássi heißt Limáni

Rüsten Sie sich mit Turnschuhen und einer zusätzlichen Flasche Wasser aus, und fahren Sie zunächst zusammen mit der Gruppe nach Méga Seitaní. Genießen Sie einen ruhigen Badetag in der Teufelsbucht. Am Nachmittag, wenn es von den Temperaturen angenehmer wird, verabschieden Sie sich, lassen Ihre Badetasche im Boot zurück und steigen den schmalen Fußweg in Serpentinen hoch, bis Sie auf den alten Verbindungsweg Drakeí–Karlovássi treffen. Hier halten Sie sich links. Gut zwei Stunden wandern Sie nun auf schmalem Fußweg hoch über der Küste durch schattige Wälder, Olivenhaine und vorbei am Potámi-Strand zum Hafen von Karlovássi zurück, wo Ihre Badetasche schon auf Sie wartet.

Genügend Wasser dabei?

Kiesel und Sand: Potámi-Strand

Dauer: Gehzeit rund 2,5 Stunden
Karte: → S. 75

SAMOS: ZU FUSS

Von Voutsalakía zum Kloster Evangelístrias

Nicht immer ganz leicht zu finden, vor allem in den Sommermonaten sehr heiß – aber wirklich zu empfehlen: der Aufstieg zum Kloster Evangelístrias.

Der Aufstieg von Voutsalakía zum kleinen, dem Johanneskloster in Patmos zugehörigen Frauenkloster belohnt vor allem mit einer phantastischen Aussicht auf die Inseln des Dodekánes.

Im westlichen Ortsteil von Voutsalakía weist die Beschilderung Moní Evangelístrias den Weg zum Kloster. Über eine staubige Pistenstraße, die an den Fuß des Berges Kérkis führt, gelangt man stetig ansteigend zum Fußweg, der bestens ausgeschildert zu dem Frauenkloster hinaufführt. In luftiger Höhe und mit einem wundervollen Blick auf Foúrni und Ikaría klebt das Nonnenkloster im Fels. Es birgt keine besonderen Kunstschätze, denn es wurde erst nach dem Zweiten Weltkrieg errichtet. Während des Krieges war dieser Platz Unterschlupf und Versteck der Partisanen, die tapfer und unermüdlich gegen die deutschen Besatzer kämpften.

Heute bewirtschaften nur noch wenige Nonnen die Anlage. Vergessen Sie nicht, die passende Kleidung für den Klosterbesuch einzupacken. Rund 500 Höhenmeter müssen Sie überwinden, legen Sie also Ihren Aufstieg nicht unbedingt in die Mittagszeit.

Wer weiter hinaus will und über gute Kondition, feste Schuhe und alpine Erfahrung verfügt, kann vom Kloster aus den höchsten Gipfel des Kérkis erklimmen.

Ständig wachsender Urlaubsort: Voutsalakía

Einem Schwalbennest gleich: Moní Evangelístrias

Der Kerkis ist mit 1433 Metern einer der höchsten Berge der Ägäis

Dauer: 2 Stunden, zum Gipfel 5 Stunden
Karte: → S. 75

SAMOS: ZU FUSS

Von Platanakía nach Kokkári

Schöner und malerischer kann eine griechische Insel wohl nicht sein – diese Wanderung werden Sie genießen, denn sie führt durch die üppigste Region von Samos.

Am besten beginnt man den Ausflug am frühen Morgen, indem man sich per Bus oder Taxi nach Platanakía bringen läßt. An der Kreuzung nach Manolátes verläßt man die Hauptstraße von Karlovássi nach Samos und wendet sich nun in das schattige »Nachtigallental«. Im Frühjahr begleitet einen das musikalische Konzert der Zikaden und Nachtigallen bis hoch hinauf nach Manolátes. Bis kurz vor Manolátes liegt die Straße im Schatten des Waldes. Kleine Tavernen am Dorfeingang verführen zur Rast.

Vom Dorfbrunnen aus wandert man weiter zum rund acht Kilometer entfernten Bergdorf Vourliótes, das auch Zentrum des samiotischen Weinanbaus ist. In Vourliótes müssen Sie nun nach dem Fußweg nach Kokkári fragen.

Kleine Bergdörfer und gemütliche Tavernen sorgen dafür, daß es Ihnen nicht zu einsam wird

In der Dorfkirche sind einige besonders schön gearbeitete Ikonen zu sehen

Dauer: Gehzeit rund 7 Stunden (ohne Pausen)
Karte: → S. 75

Malerisch streckt sich eine Landzunge bei Kokkári ins Meer hinaus – ein typisch griechisches Idyll, an dem viele Touristen Gefallen finden.

CHIOS, LESBOS UND SAMOS VON A–Z

WICHTIGE INFORMATIONEN

Auskunft

Griechische Zentrale für Fremdenverkehr

In Deutschland
– Wittenbergplatz 3 a
10789 Berlin
Tel. 0 30/2 17 62 62
– Neue Mainzer Str. 22
60311 Frankfurt/Main
Tel. 0 69/23 65 61–63
– Abteistr. 33
20149 Hamburg
Tel. 0 40/45 44 98
– Pacellistr. 5
80333 München
Tel. 0 89/22 20 35

In Österreich
Opernring 8
1010 Wien
Tel. 02 22/5 12 53 17

In der Schweiz
Löwenstr. 25
8001 Zürich
Tel. 01/2 21 01 05

Die Auskünfte vor Ort sind in Griechenland meist spärlich und das Informationsmaterial oft veraltet. Die **Griechische Fremdenverkehrsorganisation EOT** (Ellinikós Organismós Turismú), die auch alljährlich die Einstufung der einzelnen Hotels vornimmt, unterhält auf den Inseln folgende Büros:

Auf Chios
– Chios
Tourist Office   ■ b 2, S. 37
Odós Kanári 11
Tel. 02 71/4 43 89, Fax 4 43 43
Juni–Sept.; Mo–Fr 7–14 und 18–21.30, Sa 9–13 und 18–20.30, So 10–13 und 19–21.30 Uhr; Okt.–Mai Mo–Fr 7–14 Uhr

Auf Lesbos
– Mytilíni
Tourist Police   ■ c 2, S. 63
Im Gebäude der Hafenpolizei
Tel. 02 51/72 27 76
– Molyvos   ■ I 1, Klappe hinten
Tourist Information
Direkt am Ortseingang an der Hauptstraße nahe der Busstation
Mai–Okt. 9–13 und 14.30–20 Uhr

Auf Samos
– Samos/Vathy   ■ e 1, S. 75
Tourist Information
Nahe der Platía Pythágoras in einer Seitengasse
Tel. 02 73/2 85 30, Fax 2 78 63

Camping

Grundsätzlich ist in ganz Griechenland wildes Campen aus feuerpolizeilichen Gründen und wegen des Umweltschutzes strengstens verboten. An wirklich abgelegenen Stränden und an einigen »wilden« Campingplätzen drückt die griechische Polizei jedoch schon mal ein Auge zu.

Offizielle Campingplätze gibt es bis jetzt nur auf den Inseln Lesbos und Chios. Die Preise liegen bei 1000–1500 Drs. pro Person plus dem gleichen Betrag für Auto oder Zelt. Kinder zahlen einen ermäßigten Tarif.

Diplomatische Vertretungen

Botschaft der Bundesrepublik Deutschland
Odós Karaóli-Dimitríu 3
Athen
Tel. 01/2 72 51 11, Fax 7 25 12 05

Konsulat der Bundesrepublik Deutschland   ■ e 1, S. 75
Odós Themístokli Sofoúli 36
Samos/Vathy
Tel. 02 73/2 72 60

AUSKUNFT – FEIERTAGE

Botschaft der Republik Österreich
Leóforos Alexandras 26
Athen
Tel. 01/8 21 10 36

Schweizer Botschaft
Odós Iassiou 2
Athen
Tel. 01/7 23 03 64

Botschaft der Republik Griechenland
In Deutschland
An der Marienkapelle 10
53179 Bonn-Bad Godesberg
Tel. 02 28/8 30 10, Fax 35 32 89

In Österreich
Mattiellistr. 2–4
1040 Wien
Tel. 02 22/5 12 71 48

In der Schweiz
Jungfraustraße 3
3005 Bern
Tel. 0 31/3 52 16 37, Fax 3 52 05 37

*Im Kafeníon trifft sich
Gott und die Welt: Popen
in Pyrgos auf Samos.*

Eintritt

Die Eintrittsgebühren für Museen sind sehr unterschiedlich und schwanken zwischen 200 Drs. und 800 Drs. (Heraion auf Samos). In vielen Museen gilt wie bei uns am Sonntag: Eintritt frei! In Klöstern und Kirchen steht meist ein Opferstock. Wenn Sie eine Kerze anzünden, bezahlen Sie sie bitte.

Feiertage

An den nationalen Feiertagen sind Ämter, Banken, Behörden und die meisten Geschäfte geschlossen. Touristische Unternehmen, Geschäfte, Reisebüros und Autovermietungen sind aber meist geöffnet.

1. Jan.	Neujahr und Fest des hl. Vassilis
6. Jan.	Dreikönigstag
25. März	Tag der Unabhängigkeit
Karfreitag	
Ostermontag	
1. Mai	Tag der Arbeit
15. Aug.	Mariä Entschlafung (mit Ostern wichtigster kirchlicher Feiertag)

CHIOS, LESBOS UND SAMOS VON A–Z

28. Okt. Ochi-Tag (Nationalfeiertag, erinnert an das Nein des Diktators Metaxas gegen das italienische Ultimatum 1940)
25./26. Dez. Weihnachten

Fernsehen

Via Satellit sind in Hotels und vielen privaten Unterkünften die gängigen europäischen Nachrichtenkanäle wie Euronews oder NTV zu empfangen. Man muß also nicht auf Sportschau oder MTV verzichten. Neben den beiden staatlichen Fernsehprogrammen ET1 und ET2 können auch lokale Fernsehsendungen sowie türkisches Fernsehen empfangen werden. ET1 und ET2 und etliche landesweite Sender strahlen auch zahlreiche englischsprachige Filme aus, die in aller Regel mit griechischen Untertiteln versehen sind. Die Deutsche Welle ist auf allen drei Inseln ohne Probleme zu empfangen.

Fotografieren

Foto- und Filmmaterial sollte man in ausreichender Zahl von zu Hause mitbringen, da es auf den Inseln weitaus teurer ist als daheim. Zum Schutz der Filme vor Durchleuchtung am Flughafen lohnt sich ein röntgensicherer Beutel.

Bei Aufnahmen von Menschen sollte man deren Persönlichkeitsrecht achten und zumindest per Blickkontakt um Erlaubnis bitten. Aufnahmen von militärischen Objekten sind verboten.

FKK

Offiziell ist das Nacktbaden außerhalb speziell ausgewiesener FKK-Strände in Griechenland verboten. Dennoch hat sich vor allem an abgelegenen Stränden das Nacktbaden durchgesetzt. Die Polizei schreitet dann ein, wenn die Strände auch von Einheimischen besucht werden.

Wechselkurse

GR	D	CH	A
Drachmen	Mark	Franken	Schilling
50	0,34	0,28	2,38
100	0,68	0,56	4,75
200	1,35	1,13	9,51
300	2,03	1,69	14,26
500	3,38	2,82	23,77
750	5,07	4,22	35,65
1000	6,76	5,63	47,54
1500	10,14	8,45	71,31
2500	16,89	14,08	118,84
3500	23,65	19,71	166,38
4500	30,41	25,34	213,92
5000	33,78	28,15	237,69
10 000	67,57	56,31	475,37

Nebenkosten
(umgerechnet in DM)

- 1 Tasse Kaffee........2,00–5,00
- 1 Bier......................3,30–6,00
- 1 Cola.....................1,50–3,50
- 1 Brot (ca. 500 g)....1,00–1,30
- 1 Schachtel Zigaretten...............3,20–4,00
- 1 Liter Benzin..................1,50
- 10 km Fahrt mit dem Linienbus........1,20–1,25
- Mietwagen/Tag........ab 80,00

Stand: Januar 1999

Geld

Die griechische Währungseinheit ist die Drachme. Im Umlauf sind Banknoten zu 50, 100, 500, 1000 und 5000 Drachmen sowie Münzen zu 1, 2, 5, 10, 20, 50 und 100 Drachmen. Der Wechselkurs unterliegt leichten Schwankungen. Im Jan. 1999 lag der Kurs bei 148 Drs. für 1 DM. Grundsätzlich ist es sinnvoller, vor Ort umzutauschen, da hier die Wechselkurse günstiger sind.

Die gängigen **Kreditkarten** werden von vielen größeren Hotels (meist ab Drei-Sterne-Hotels), guten Restaurants, teuren Geschäften und Mietwagenfirmen ab einer höheren Summe akzeptiert, bevorzugt die Visa- und Eurocard. Viele Kreditunternehmen berechnen den Mittelwert zwischen Ausgabe- und Ankaufskurs, was bei größeren Kursschwankungen vor allem für den Käufer vorteilhaft ist. Mit der EC-Karte kann man an den Bargeldautomaten der verschiedenen griechischen Banken fast nirgendwo Geld (Ausnahme Vathy und Chios-Stadt) abheben, so daß man unbedingt eine ausreichende Menge an Eurocheques dabeihaben sollte. Eine Reihe von Banken unterhalten 24-Stunden-Automaten, die teilweise Kreditkarten (z. B. VisaCard plus Geheimnummer) akzeptieren. Es entfällt dafür – übrigens auch bei den Kreditkarten – ein Auslandszuschlag. EC-Schecks kann man auch bei den oft im Kurs günstiger liegenden Postämtern einwechseln, dagegen sind Abhebungen vom **Postsparbuch** in Griechenland nicht möglich. Telegrafische Zahlungsanweisungen sind bis zu einer Höhe von 7000 DM zulässig, wegen der langen Laufzeit von mehr als einer Woche aber kaum zu empfehlen. Für Eurocheques beträgt die Höchstsumme 45 000 Drs. Die Einfuhr von Devisen ist unbegrenzt, griechische Drachmen dürfen bis zu einer Höhe von 100 000 Drs. eingeführt werden. Bei der Ausreise dürfen maximal 20 000 Drs. ausgeführt werden.

Öffnungszeiten der Banken: Mo–Do 8–14 Uhr, Fr 8–13.30 Uhr. In den großen Touristenorten sind einige Banken auch nachmittags geöffnet.

Rufnummern beim Verlust der Scheckkarte:
Eurocheque:
Tel. 00 49/69/74 09 87
American Express:
Tel. 00 49/69/75 76 10 00
Diners Club: Tel. 00 49/69/26 03 50
Eurocard: Tel. 00 49/69 33 19 10
VisaCard: Tel. 00 49/69/79 20 13 33

Kleidung

Entsprechend den sommerlichen Temperaturen empfiehlt sich leichte Baumwollkleidung, für die Abende je nach Jahreszeit vielleicht ein leichter Pullover. Wegen der ständigen Abnahme der schützenden Ozonschicht sollte man sich am Strand gegen die intensive Sonnenstrahlung schützen, besonders die Kinder.

Beim Besuch von Kirchen und Klöstern gelten strenge Kleidervorschriften. So dürfen Männer nur mit langen Hosen und bedeckten Oberkörpern, Frauen knie- und schulterbedeckt Kirchen betreten.

Medizinische Versorgung

Die medizinische Versorgung auf Chios, Lesbos und Samos ist befriedigend und entspricht weitgehend unserem mitteleuropäischen Standard. Spezielle Medikamente für den persönlichen Bedarf (z. B. bei Diabetes usw.) sollte man von zu Hause mitbringen. Grundsätzlich

CHIOS, LESBOS UND SAMOS VON A–Z

ist es einfacher, bei einem Arztbesuch bar zu bezahlen und sich den Betrag zu Hause von der Krankenkasse rückerstatten zu lassen. Die Prozedur mit Auslandskrankenscheinen ist langwierig und oft wenig effektiv. So sollten Sie besser eine Reise- und Auslandskrankenversicherung abschließen, aber prüfen, welche Leistungen über dem normalen Versicherungsschutz der eigenen Krankenkasse und Versicherung angeboten werden.

Notruf

Im Notfall sollten Sie durchaus die Hilfsbereitschaft der Inselbewohner in Anspruch nehmen und sie einen Arzt oder Krankenwagen rufen lassen, da es einfacher mit der Verständigung ist.
Polizei: Tel. 100
Feuerwehr: Tel. 199
Rettungsnotruf im Falle eines notwendigen Rücktransportes (es muß eine entsprechende Versicherung abgeschlossen sein!):
ADAC-Notrufzentrale München:
Tel. 00 49/89/22 22 22
Deutsche Rettungsflugwacht Stuttgart: Tel. 00 40/711/70 10 70
DRK Flugdienst Bonn:
Tel. 00 49/288/23 32 32

Post

Die Postgebühren von den Inseln nach Deutschland, Österreich und in die Schweiz betragen 160 Drs. für einen Brief. Die Laufzeit eines Briefs kann dabei schon einmal zwei Wochen betragen.
 Öffnungszeiten der Postämter: Mo–Fr 7–14 Uhr. In den touristischen Hauptorten haben einige Postämter während der Sommermonate manchmal bis 20 Uhr geöffnet. Post und Telefon sind in Griechenland getrennt!

Reisedokumente

Griechenland gehört nicht zu den Unterzeichnern des Schengener Abkommens und verlangt bei der Einreise die Vorlage eines gültigen Reisedokumentes. Für die Einreise von Bürgern aus EU-Mitgliedsstaaten genügt ein gültiger Personalausweis. Für Kinder unter sechzehn Jahren benötigt man einen Kinderausweis, ab zehn Jahren mit Lichtbild. Für einen Tagesausflug in die Türkei genügt der Personalausweis nicht, denn es wird von griechischer Seite ein Sichtvermerk in den Reisepaß eingestempelt.

Reisezeit

Die Reisesaison beginnt auf den nordostägäischen Inseln mit den deutschen Osterferien. Vor allem an den flachen Sandstränden kann man dann schon Ende April bei Wassertemperaturen von 19 Grad baden. Wer die Blütenpracht und den Kräuterduft des Frühlings sucht, muß im April kommen, denn spätestens ab Mai setzt die heiße Sommerperiode ein. Nicht so farbenprächtig, aber ebenso reizvoll sind auch die letzten Septemberwochen und der Oktober, wenn wieder etwas Ruhe in die Orte einkehrt.

Religion

Wie fast alle Griechen gehören auch die Bewohner von Chios, Lesbos und Samos zur griechisch-orthodoxen Kirche. Ihre Priester dürfen im Gegensatz zu katholischen Priestern vor der Priesterweihe heiraten und haben deshalb oftmals Familie. Genau wie bei katholischen Mönchen und Nonnen gilt das Zölibat. Ähnlich wie bei der katholischen Kirche sind auch die orthodoxen griechischen Klöster von Nach-

MEDIZINISCHE VERSORGUNG – RELIGION

wuchssorgen geplagt. Viele Klosteranlagen sind deshalb geschlossen oder nur noch von wenigen, oftmals sehr alten Mönchen bewohnt. Gleiches gilt auch für die Frauenklöster.

Die Kirchen sind meist mit einem reichhaltigen Schmuck aus Fresken und Ikonen ausgestattet. Zentrale Stelle des Gottesdienstes ist der Altarraum, durch eine Ikonostase vom restlichen Kirchenschiff abgetrennt. An dieser Ikonostase finden sich zumeist auch die wertvollen Ikonen und Bildnisse der jeweiligen Heiligen, zumeist aufwendig mit Gold und Silber verziert. Diese Ikonen werden stark verehrt. Das Küssen der Ikonen ist kein entfremdeter Ritus, sondern gilt der dadurch im Raum anwesenden heiligen Person und ist ein direkter Kontakt mit ihr. Der orthodoxe Gottesdienst dauert oft bis zu drei Stunden, viele Gläubige wohnen nur einem Teil der Zeremonie bei. Ein ständiges Kommen und Gehen während der heiligen Messe ist durchaus üblich.

Die Trennung der katholischen und orthodoxen Kirche vollzog sich im Jahre 1054. Streitpunkt war die Frage, ob der heilige Geist nur von Gottvater (orthodox) ausgehe oder auch von Gottes Sohn (katholisch-protestantisch).

Auch die leibliche Himmelfahrt Marias wird im orthodoxen Glauben nicht anerkannt, weshalb das Fest Maria Himmelfahrt hier Mariä Entschlafung genannt wird. Die Beziehungen zwischen katholischer und orthodoxer Kirche sind bis heute nicht spannungsfrei.

Trotz der örtlichen Nähe zum islamischen Kulturkreis gibt es keine Muslime auf den Inseln. Die geschichtlich bedingte Ablehnung des Islam geht so weit, daß gemeinsame Kulturgüter aus der osmanischen Zeit achtlos dem Verfall preisgegeben werden.

Die genauen Klimadaten von **Samos**

		Januar	Februar	März	April	Mai	Juni	Juli	August	September	Oktober	November	Dezember
Durchschnittl. Temp. in °C	Tag ☀	13,8	14,5	15,9	19,1	23,3	27,2	29,2	29,4	26,3	22,3	19,1	15,7
	Nacht ☾	8,5	8,9	9,0	12,6	16,4	20,3	22,1	22,2	19,8	16,6	13,7	10,6
Sonnenstunden pro Tag		4,0	4,8	6,5	8,2	10,1	11,6	12,5	11,1	9,7	7,8	5,7	3,7
Regentage		14	9	8	5	4	1	0	0	1	4	7	12
Wassertemp. in °C		16	15	15	16	18	21	22	23	22	21	19	17

Quelle: Deutscher Wetterdienst, Offenbach

CHIOS, LESBOS UND SAMOS VON A–Z

Strom

Die Spannung beträgt 220 V Wechselstrom. Deutsche Stecker passen meist, ein internationaler Steckeradapter ist zur Sicherheit nicht verkehrt.

Telefonieren

Vorwahlen
D, A, CH → GR: 00 30
GR → D: 00 49
GR → A: 00 43
GR → CH: 00 41
Anschließend an den Ländercode wählt man ohne die Null den betreffenden Städtecode und die Rufnummer.

In Griechenland betreibt die private Gesellschaft OTE das Telefonnetz. In allen größeren Orten sind Büros der Telefongesellschaft zu finden bzw. lokale Fernsprechapparate in Bars, Kafenía oder an Telefonzellen.

Die Gebühren sind überall gleich, das Telefonieren vom Hotel aus ist zumeist erheblich teurer als direkt über OTE. Die notwendigen Telefonkarten gibt es im Wert von 100 Einheiten (1500 Drs.), 500 Einheiten (4500 Drs.) und 1000 Einheiten (8000 Drs.). Eine Minute nach Mitteleuropa kosten rund 40 Einheiten. Da die Übertragung via Satellit geht, kommt es bisweilen beim Telefonat zu einem Nachhalleffekt.

Tiere

Wer seinen Hund oder seine Katze mitnehmen möchte, benötigt ein auf englisch ausgestelltes amtstierärztliches Gesundheitszeugnis, das nicht älter als 14 Tage sein darf, sowie bei Hunden den Nachweis über eine Tollwutimpfung, die nicht länger als 12 Monate zurückliegen darf.

Trinkgeld

Wie auch in Deutschland üblich, erwartet man in guten Restaurants und in Hotels bei Service-Leistungen zumeist ein Trinkgeld. Die 10-Prozent-Regel hat auch hier Gültigkeit, beim Zimmerservice, Gepäckträger usw. sind zumeist 250 Drs. am Tag angebracht.

Wirtschaft

Die griechische Wirtschaft ist in einem so desolaten Zustand, daß viele Griechen keinen Ausweg aus der Staatsmisere sehen. Die Inflationsrate erreicht bis zu 16 %, die Staatsverschuldung liegt 120 % über dem Bruttosozialprodukt. Vetternwirtschaft und Korruption gehören zum (politischen) Alltag, ein völlig überdimensionierter Beamtenapparat lähmt und blockiert eine effiziente Verwaltung. Das Vertrauen in die etablierten Parteien wie die Néa Demokratía und die Pasok ist rückläufig, auch in Griechenland kennt man Politikverdrossenheit. Um die immense Staatsverschuldung (allein 60 % der Staatseinnahmen gehen für die Zinstilgung drauf) zu drosseln, versucht die Regierung mit einem rigorosen Sparkurs und teilweise stark erhöhten direkten Steuern einzugreifen, mit wenig Erfolg. Zwar ist der Tourismus mit rund 10 Mio. Übernachtungen pro Jahr die wichtigste Einnahmequelle der Inseln, aber die Einnahmen verteilen sich nur auf die direkt im Tourismus tätigen Unternehmen und Angestellten. Die Landwirtschaft spielt eine immer geringere Rolle (rund 24 % aller Beschäftigten sind noch in der Landwirtschaft tätig), zumal wegen der kleinen Anbauflächen eine extensive Bewirtschaftung fast nirgendwo möglich ist. Darüber hinaus verursacht die Insellage zusätzliche Transportkosten, die die landwirtschaftlichen Produkte noch mehr verteuern und sie im EU-Rahmen nicht konkurrenzfähig machen. Die Produktion und der Anbau beschränken sich auf Öl, Wein, Obst, hinzu kommt etwas Viehzucht. Der in der östlichen Ägäis sowieso wenig ertragreiche Fischfang spiegelt sich in den hohen Fischpreisen wider. 50 bis 60 DM Kilopreis für Fisch der Güteklasse A im Restaurant ist keine Seltenheit. Die industrielle Produktion scheitert an mangelnden Rohstoffen, langen Transportwegen und dem fehlenden nahen Absatzmarkt; der Schiffsbau ist bis auf einige kleine Kaiki-Werften zurückgegangen. Viele der Inselbewohner verdienen ihr Geld als Seeleute im nationalen und internationalen Handelsverkehr.

Hochprozentige Produkte aus Plomári, der »Hauptstadt des Ouzo«, finden sich in fast jedem Handgepäck.

Zeitungen

In den großen Touristenorten ist deutschsprachige Presse mit einer gewissen Verzögerung überall zu bekommen. Die »Athener Zeitung« ist eine deutschsprachige Wochenzeitung, die über Vorkommnisse in Griechenland und Europa informiert.

Zeitverschiebung

Griechenland ist im Sommer wie Winter der mitteleuropäischen Zeit um genau eine Stunde voraus. Ansonsten hat man oft den Eindruck, daß die Uhr am Handgelenk der Inselbewohner eher Schmuck als Gebrauchsgegenstand ist. Man könnte die Regel aufstellen, je kleiner die Insel, um so geruhsamer der Tagesablauf. Verabredungen werden eher nach Tageszeiten als nach der Uhrzeit ausgemacht, und Zeitangaben wie z. B. 16 Uhr 45 stoßen meist auf Unverständnis.

Bei einem Urlaubsaufenthalt sollte man sich ruhig vom griechischen Zeitverständnis inspirieren lassen und die Tage ebenso geruhsam und streßfrei genießen. Nur mit dem Abflugtermin sollte man es genau nehmen und rechtzeitig vor Ort sein.

Zoll

Mit dem 1. Januar 1993 sind die Zollkontrollen an den Binnengrenzen bis auf Stichkontrollen entfallen. Die Mengen für den persönlichen Gebrauch pro Person betragen 10 l Schnaps, 110 l Bier und 90 l Wein, 800 Zigaretten – eine Menge also, die 20 kg Fluggepäck bei weitem übersteigt.

Für Reisende aus der Schweiz sowie für den Duty-free-Einkauf gelten: 1 l Spirituosen, 200 Zigaretten, 50 Zigarren oder 250 g Tabak, 2 l Wein und 250 ml Parfüm.

Geschichte auf einen Blick

WICHTIGE INFORMATIONEN

5. Jahrtausend v. Chr.
Die Jungsteinzeit liefert erste Zeugnisse menschlicher Siedlungsspuren auf Chios, Lesbos und Samos.

3. Jahrtausend v. Chr.
Geschlossene Siedlungen aus der Bronzezeit; erste Besiedlung des heutigen Molyvos.

2. Jahrtausend v. Chr.
Von Kreta aus beherrschen die Minoer weite Teile des Mittelmeeres. Auf den Inseln entstehen minoische Siedlungen.

1. Jahrtausend v. Chr.
Äolische Einwanderer besiedeln Lesbos, ionische Siedler Chios und Samos.

7. Jahrhundert v. Chr.
Auf Lesbos entstehen kleine Stadtstaaten.

537–522 v. Chr.
Tyrannis der Polykrates auf Samos, die Insel wird durch ihre Vorherrschaft zu einer der mächtigsten der Ägäis.

522 v. Chr.
Die Inseln werden zusammen mit Kleinasien ins Persische Reich eingegliedert.

490 v. Chr.
In der Schlacht von Marathon besiegt Athen die Perser.

480 v. Chr.
Seesieg der Griechen bei Salamis. Die Inseln werden gezwungen, auf persischer Seite zu kämpfen.

431–404 v. Chr.
Peleponnesischer Krieg zwischen Sparta und Athen, an dem mit wechselnden Bündnissen auch die Inseln beteiligt sind.

336–323 v. Chr.
Unter Alexander dem Großen werden die zeitweise wieder von den Persern unterworfenen Inseln befreit. Mytilíni verbündet sich 334 v. Chr. mit Alexander.

ab 323–146 v. Chr.
Zeitalter des Hellenismus. Die Nachfolger Alexanders (Diadochen) ringen um die Vormacht, das Weltreich Alexanders zerfällt.

146 v. Chr.
Die Inseln werden in die römische Provinz Asia eingegliedert.

395
Mit der Teilung des Römischen Reiches gelangen die Inseln in den Machtbereich des byzantinischen Ostroms.

6. Jh.
Zunehmend bedrängen die von Süden vorstoßenden Araber die Inseln.

961
Byzanz erobert das von Arabern besetzte Kreta zurück.

1202–1204
Papst Innozenz III. ruft zum 4. Kreuzzug auf.

1261
Byzanz erobert Konstantinopel zurück. Vertrag zwischen Genua und Venedig über die nordostägäischen Inseln.

ab 1346
Genuesische Söldner erobern Chios, 1355 fällt Lesbos als Mitgiftlehen an die Genueser.

ab 1462
Die osmanischen Truppen erobern Lesbos, 1475 Samos und 1566 Chios.

GESCHICHTE AUF EINEN BLICK

ab 1774
Nach einem Abkommen zwischen Rußland und dem Osmanischen Reich lockern sich die strengen osmanischen Zügel in Fragen der Religionsausübung.

1821–1830
Aufstand Griechenlands gegen die Osmanen. 1822 Aufstand der Chioten. Als Bestrafungsaktion lassen die Osmanen rund ein Drittel der Bevölkerung umbringen, etwa 40 000 Kinder und Frauen werden in die Sklaverei verkauft.

ab 1832
Samos wird von einem einheimischen christlichen Lehensherrn regiert.

1912–1913
Im Rahmen des Balkankrieges nimmt eine griechische Flotte Chios und Lesbos ein, auf Samos wird der unter osmanischem Schutz stehende Hegemon ermordet und der Anschluß an das griechische Mutterland proklamiert.

1917
Lesbos nimmt mehr als 50 000 kleinasiatische Flüchtlinge auf.

1919–1922
Im Krieg gegen die Türkei muß Griechenland Ostthrakien wieder an die Türkei abtreten.

1923
Friedensvertrag von Lausanne. Rückführung von 1,5 Mio. türkischer Griechen.

1924–1935
Griechenland ist Republik.

1935
Ausrufung der Monarchie und Rückkehr König Georg II.

1936
Griechenland wird bürgerlich-faschistische Diktatur.

1940
Italien fällt im November von Albanien aus ein, Griechenland schlägt sich auf die Seite der Alliierten. Deutsche Truppen erzwingen die griechische Kapitulation.

1946–1949
Bürgerkrieg.

1952
Ausrufung der Monarchie und NATO-Beitritt Griechenlands.

1967–1974
Militärdiktatur in Griechenland. Nach dem Zypernkonflikt und der Wiedereinrichtung der Demokratie stimmen 1974 70 % der Griechen für die Abschaffung der Monarchie.

1974–1981
Regierungsbildung durch die konservative Néa Demokratía unter Karamanlis.

1981–1989
Regierung unter der sozialistischen Pasok-Partei, von 1981–1985 unter Andreas Papandreou, 1985–1990 unter Christos Sartzetakis.

1990
Regierungsübernahme durch die Néa Demokratía unter Konstantinos Mitsotakis.

1993
Andreas Papandreou und die Pasok siegen bei vorzeitigen Neuwahlen im Oktober mit absoluter Mehrheit.

1998
Griechenland bereitet sich auf die Olympischen Spiele vor, die 2004 im Land stattfinden werden.

SPRACHFÜHRER

WICHTIGE INFORMATIONEN

In allen größeren Hotelanlagen wird auch Deutsch gesprochen, in kleineren Hotels, in Restaurants und Souvenirgeschäften von Fall zu Fall. Hauptverkehrssprache im Tourismus ist Englisch. Orts- und Straßenschilder weisen fast immer eine Umschrift in lateinischen Buchstaben auf. Für diesen Reiseführer wurde nicht die international normierte Umschrift aus dem Griechischen gewählt, sondern eine, die deutschsprachigen Reisenden richtige Aussprache griechischer Wörter möglichst erleichtert. So schreiben wir nicht nach traditioneller Art »Kalymnos« sondern »Kálimnos«. Der Akzent zeigt die betonte Silbe an, mit einem Vokal beginnende, groß geschriebene Wörter (Eigen- und Ortsnamen) ohne Akzent werden stets auf der ersten Silbe betont. Für die Verständlichkeit ist richtige Betonung meist wichtiger als eine korrekte Aussprache! Als Faustregel für die Aussprache gilt, daß alle Silben kurz und die Vokallaute offen ausgesprochen werden.

Zum kleinen Grundwortschatz sollten die Zauberwörter **efcharistó** (danke) und **parakaló** (bitte) gehören und als Ausdruck von vielseitiger Verwendbarkeit **jássas**. Das sagt man zur Begrüßung (wie »Guten Tag«, »Grüß Gott« und »Grüezi«), zum Abschied (wie »Tschüs«, »Servus« und »Ade«), beim Heben der Gläser (»Prosit«) und wenn das Gegenüber niest »Gesundheit« – was denn auch die Grundbedeutung dieses Wortes ist.

Die Griechen freuen sich, wenn ihre Besucher sich bemühen, zumindest einige Floskeln in der Landessprache zu beherrschen. Probieren Sie es einfach einmal!

Das griechische Alphabet

Großbuchstabe	Kleinbuchstabe	Name	Ausspracheregeln	Umschreibung
Α	α	álfa	kurzes a wie in »Hand«	a
Β	β	wíta	w wie »Wonne«	w
Γ	γ	gámma	j wie in »Jonas« vor den Vokalen -i und -e, weiches g vor den übrigen Vokalen	j, g
Δ	δ	délta	wie stimmhaftes engl. th, z. B. in »the«	d, D
Ε	ε	épsilon	e wie in »Bett«	e
Ζ	ζ	síta	stimmhaftes s wie in »Rose«	s
Η	η	íta	kurzes i wie in »Ritt«	i
Θ	θ	thíta	wie stimmloses engl. th, z. B. in »thanks«	th
Ι	ι	jóta	i wie in »Ritt«	i
Κ	κ	káppa	k wie in französisch »col«	k
Λ	λ	lámbda	l wie im Deutschen	l
Μ	μ	mi	m wie im Deutschen	m
Ν	ν	ni	n wie im Deutschen	n
Ξ	ξ	ksi	ks wie »Axt« oder »Lachs«	x
Ο	ο	ómikron	o wie »oft«	o

SPRACHFÜHRER

Groß-buch-stabe	Klein-buch-stabe	Name	Ausspracheregeln	Umschreibung
Π	π	pi	p wie im Französischen »pomme«	p
Ρ	ρ	ro	Zungenspitzen-R wie im Italienischen	r
Σ	σ, ς	sigma	stimmloses s wie in »Tasse«; stimmhaftes s wie in »Rose« vor stimmhaften Konsonanten	s, ss s
Τ	τ	taf	t wie im Französischen »tableau«	t
Υ	υ	ípsilon	kurzes i wie in »Ritt« w wie in »Wonne« nach Alfa und Epsilon, wenn ein stimmhafter Konsonant folgt f wie in »Fehler« nach Alfa und Epsilon, wenn ein stimmloser Konsonant folgt	i w f
Φ	φ	fi	f wie in »Fehler«	f
Χ	χ	chi	ch wie in »ach« vor a-, o- und u-Lauten sowie vor Konsonanten ch wie in »ich« vor e- und i-Lauten	ch ch
Ψ	ψ	psi	ps wie in »Pseudonym«	ps
Ω	ω	ómega	o wie in »oft«	o

Buchstabenkombinationen

ΑΙ	αι	álfa-jóta	e wie in »Bett«	e
ΕΙ	ει	épsilon-jóta	i wie in »Ritt«	i
ΟΙ	οι	ómikron-jóta	i wie in »Ritt«	i
ΟΥ	ου	ómikron-ípsilon	u wie in »bunt«	u
ΑΥ	αυ	álfa-ípsilon	af wie in »Affe« vor stimmlosen Konsonanten, in allen anderen Fällen aw wie in »Avus«	af aw
ΕΥ	ευ	épsilon-ípsilon	ef wie in »Effekt« vor stimmlosen Konsonanten, in allen anderen Fällen ew wie in »Beweis«	ef ew
ΓΓ	γγ	gamma-gamma	ng wie in »lang«	ng
ΓΧ	γχ	gamma-chi	Lautkombination ngch	ngch
ΜΠ	μπ	mi-pi	In Fremdwörtern (meist am Wortanfang) wie deutsches b, in Wortmitte (außer bei Fremdwörtern) mb wie in »Amboss«	b mb
ΝΤ	ντ	ni-taf	wie oben: in Fremdwörtern ... wie deutsches d, im Wortinneren ... wie nd in »Anden«	d nd
ΓΚ	γκ	gamma kappa	wie oben: in Fremdwörtern ... wie deutsches g, im Wortinneren ... wie ng in »lang«	g ng

SPRACHFÜHRER

Wichtige Wörter und Ausdrücke
Alle griechischen Worte sind in Lautschrift wiedergegeben.

ja	*nä*
nein	*óchi*
vielleicht	*íssos*
bitte	*parakaló*
danke	*efcharistoó*
Wie bitte?	*oríste*
und	*kä*
Ich verstehe nicht	*Denn katalawéno*
Entschuldigung	*signómi*
Guten Morgen	*kaliméra*
Guten Tag	*kaliméra*
Guten Abend	*kalispéra*
Gute Nacht	*kaliníchta*
hallo	*jássas*
Ich heiße...	*Mä léne...*
Ich komme aus...	*Íme ápo...*
Wie geht's?	*Ti kánete?*
Danke, gut	*kalá*
wer, was, welcher	*pjoss, ti, pjoss*
wieviel	*Pósso*
Wo ist...	*Pu íne...*
wann	*Pótte*
Wie lange...	*Possón keró...*
stündlich	*káthe óra*
täglich	*káthe méra*
Sprechen Sie Deutsch?	*Miláte jermaniká?*
Auf Wiedersehen	*Adío*
Wie wird das Wetter?	*Poss tha íne o keróss*
heute	*símera*
morgen	*áwrio*

Zahlen

eins	*énnas, mía, énna*
zwei	*dío*
drei	*tris, tría*
vier	*tésseris, téssera*
fünf	*pénde*
sechs	*éksi*
sieben	*eftá*
acht	*októ*
neun	*ennéa*
zehn	*dékka*
20	*íkossi*
30	*triánda*
40	*saránda*
50	*penínda*
60	*eksínda*
70	*efdomínda*
80	*okdónda*
90	*enneninda*
100	*ekkató*
1000	*chíljes*
10 000	*dékkachiljádes*
1 000 000	*énna ekkatomírio*

Wochentage

Montag	*deftéra*
Dienstag	*tríti*
Mittwoch	*tetárti*
Donnerstag	*pémpti*
Freitag	*paraskewí*
Samstag	*sáwato*
Sonntag	*kiriakí*

Mit und ohne Auto unterwegs

Wie weit ist es nach...	*Pósso makriá ine ja...*
Wie kommt man nach...	*Poss póro na páo ja...*
Wo ist...	*Pu íne...*
die nächste Werkstatt	*to sinerjío edó kondá*
der Bahnhof/ Busbahnhof	*o stathmós/o stathmós leoforíon*
eine U-Bahn	*énne stathmós tu elektrikú*
der Flughafen	*o aeropórto*
die Touristen- information	*to praktorío turisti- kón pliroforíon*
die nächste Bank	*mía trápesa edó kondá*
die nächste Tankstelle	*énna wensinádiko edó kondá*
Ich möchte...	*Tha íthela...*
Ich will...	*Thélo...*
Wissen Sie...?	*Ksérete...?*
Haben Sie...?	*Échete...?*
Wo finde ich...	*Pu ine edó...*
– einen Arzt	*– énna jatró*
– eine Apotheke	*– énna farmakío*
Bitte volltanken!	*Jemíste, parakaló*
Normalbenzin	*wensíni aplí*

Super	*supér*
Diesel	*petrélio*
bleifrei	*amóliwdi*
rechts/links/ geradeaus	*deksjá/aristerá/ efthía*
Ich möchte ein Auto/ein Fahrrad mieten	*Thélo na nikjásso enna aftokínito/ énna podilato*
Wir hatten einen Unfall	*Íchame énna atíchima*
Eine Fahrkarte nach ... bitte	*Énna issitírjo ja ...m parakaló*
Ich möchte ... DM (Schillinge/ Franken) in Drachmen wechseln	*Thélo na alákso jermaniká márka (sillíngia/fránga) se drachmés*

Hotel

Ich suche ein Hotel	*Psáchno énna ksenodochío*
Ich suche ein Zimmer	*Psáchno énne domátjo*
für 2/3/4 Personen	*ja dio/tría/téssera átoma*
Haben Sie ein Zimmer frei	*Échete enna domátjo léfthero*
– für eine Nacht	*– ja mía níchta*
– für zwei Tage	*– ja dio méres*
– für eine Woche	*– ja mía ewdomáda*
Ich habe ein Zimmer reserviert	*Éklissa énna domátjo*
– mit Frühstück	*– mä pro-i-nó*
– mit Halbpension	*– mä énna jéwma*
Kann ich das Zimmer sehen?	*Bóro na to do*
Ich nehme das Zimmer	*Na to páro*
Kann ich mit Kreditkarte zahlen?	*Bóro na plirósso mä pistotiki kárta?*
Haben Sie noch Platz für ein Zelt/einen Wohnwagen?	*Ipárchi akóma méros ja mía skiní/énna trochóspito?*

Restaurant

Die Speisekarte, bitte	*Ton katálogo, sass parakaló*
Die Rechnung, bitte	*To logarjasmó, parakaló*
Alles zusammen, bitte	*Ólla masí, parakaló*
Ich hätte gern einen Kaffee	*Tha íthela énna kaffé*
Ist dieser Stuhl noch frei?	*Íne eléftheri aftí í thési?*
Wo sind die Toiletten?	*Pu íne i tualéttes?*
Damen/Herren	*jinékes/ándres*
Kellner	*garssón*
Frühstück	*pro-i-nó*
Mittagessen	*jéwma*
Abendessen	*dípno*

Einkaufen

Wo gibt es...?	*Pu échi, pu ipárchi?*
Haben Sie...?	*Échete...?*
Wieviel kostet das?	*Pósso échi/pósso kostísi?*
Das ist sehr teuer	*Íne polí akriwó*
Geben Sie mir bitte	*Dóste mu, sass parakaló*
100 g/ein Pfund/ ein Kilo	*ekkató grammária/ mísso kiló/énna kiló*
Danke, das ist alles	*Aftá, efcharistó*
geöffnet/ geschlossen	*aniktó/klistó*
Bäckerei	*artopiío, fúrnos*
Kaufhaus	*polikatástima, emborikó*
Metzgerei	*kreopolío*
Lebensmittelgeschäft	*pandopolío, míni-márket*
Briefmarken	*grammatóssima*
für einen Brief/ eine Postkarte	*ja éna grámma/ ja mía kárta*
nach Deutschland/Österreich/in die Schweiz	*ja tin jermanía/ ja tin afstría/ ja tin elwetía*
eine Telefonkarte	*mía tilekárta*

ESSDOLMETSCHER

WICHTIGE INFORMATIONEN

A

achládi (αχλάδι): Birne
aláti (αλάτι): Salz
angúrja saláta (άγγούριασαλάτα)
  Gurkensalat
arakádes (αρακάδες): Erbsen
arnáki (αρνάκι): Lamm
– fasolákja (αρνάκι φασολάκια):
  Lammfleisch mit grünen Bohnen
arní (αρνί): Hammel
áspro krassí (άσπρο κρασί):
  Weißwein
astakós (αστακός): Hummer
awgó, awgá (αυγό, αυγά): Ei, Eier

B

bamjés (μπαμιές): Okra-Schoten
barbúnja (μπαρμπούνια): Rotbarben
biftéki (μπιφτέκι): Frikadelle
bíra (μπύρα): Bier
bríám (βριάμ): eine Art Ratatouille
  mit Auberginen
brisóla (μπρισόλα): Kotelett (Rind
  oder Schwein)

C

chirinó (χοιρινό): Schwein
choriátiki (χωριάτικι): Bauernsalat
  mit Schafkäse

D

diáfora orektiká (διάφορα
  ορεκτικά): gemischte Vorspeisen
dolmadákja (ντολμαδάκια): mit
  Reis gefüllte, kalte Weinblätter
dolmádes (ντολμάδες): gefüllte
  Wein-, Kohl- oder Zucchiniblütenblätter
domátes jemistés (ντομάτες
  γεμιστές): gefüllte Tomaten
domátosaláta (ντομάτοσαλάτα):
  Tomatensalat
dsadsíki (τζατζίκι): Joghurt mit
  geriebener Gurke, Knoblauch,
  Zwiebeln und Olivenöl

E

eljés (ελιές): Oliven
entrades (εντράδες): Eintopf- und
  Fertiggerichte

F

fassoláda (φασολάδα): Bohnensuppe
féta (φέτα): weißer Schafkäse
fráules (φράουλες): Erdbeeren
frúta (φρούτα): Obst

G

garídes (γαρίδες): Tiefseekrabben
gála (γάλα): Milch
gasósa (γκαζόζα): süßer Sprudel
gígandes (γιγάντες): Saubohnen
gliká (γλυκά): Süßspeisen
glóssa (γλώσσα): Seezunge
gurunópulo (γουρουνόπουλο):
  Spanferkel

I/J

ja'úrti anjeládos (γιούρτι
  αγελάδος): Joghurt aus Kuhmilch
– prówjo (πρόβειο): Joghurt aus
  Schafsmilch
jemistés (γεμιστές): gefüllte Tomaten und Paprikaschoten

K

kafés (καφές): griechischer Kaffee
– dipló (διπλό): doppelte Portion
– glikó (γλυκό): süß
– métrio (μέτριο): leicht gesüßt
– skétto (σκέττο): ungesüßt
kalamarákja (καλαμαράκια):
  Tintenfische
karkínos (καρκίνος): Krebs
karpúsi (καρπούσι): Wassermelone
kefalotíri (κεφαλοτύρι): Hartkäse
keftédes (κεφτέδες): Hackfleischkugeln
kimá (κιμά): Hackfleisch
kokkinistó (κοκκινιστό): geschmort

ESSDOLMETSCHER

kokorédsi (κοκορέτσι): am Spieß gegrillte Innereien
kolokidákja (κολοκυδάκια): Zucchini
konják (κονιάκ): Brandy
kotópulo (κοτόπουλο): Huhn
krassí (κρασί): Wein
kréas (κρέας): Fleisch
kunupídi (κουνουπίδι): Blumenkohl
kunéli (κουνέλι): Kaninchen

L

lachanikó (λαχανικό): Gemüse
ládi (λάδι): Öl
lemóni (λεμόνι): Zitrone
limonáda (λεμονάδα): Zitronenlimonade
lukánika (λουκάνικα): Würstchen
lukanikópitta (λουκανικόπιττα): Würstchen im Schlafrock aus Blätterteig

M

manúri (μανούρι): Schafkäse
marídes (μαρίδες): Sardellen
máwro krassí (μαύρο κρασί): Rotwein
meli (μέλι): Honig
melidsánes (μελιτζάνες): Auberginen
melidsánosaláta (μελιτζάνοσαλάτα): kaltes Auberginenpüree
metallikó neró (μεταλλικό νερό): Mineralwasser ohne Kohlensäure
mídja (μύδια): Muscheln
misíthra (μυζύθρα): Quark
mílo (μήλο): Apfel
moss'chári (μοσχάρι): Kalb
mussakás (μουσακάς): Auberginenauflauf
mustárda (μουστάρδα): Senf

N

neró (νερό): Wasser
nescafé (νεσκαφέ): Instant-Kaffee
– frappé (φραππέ): kalt
– sestó (ζεστό): heiß

P

pagotó (παγωτό): Eiskrem
païdakja (παϊδάκια): Lammkoteletts
pastídsjo (παστίτσο): Makkaroni-Hackfleischauflauf
patátes (πατάτες): Kartoffeln
peppóni (πεπόνι): Honigmelone
portokaláda (πορτοκακάδα): Orangeade
portokáli (πορτοκάλι): Apfelsine
psári (ψάρι): Fisch
psomí (ψωμί): Brot

S

sáchari (ζάχαρι): Zucker
saganáki (σαγγανάκι): gegrillter Schafkäse
saláta (σαλάτα): Salat
sikóti (σηκώτι): Leber
skórdo (σκόρδο): Knoblauch
spanakópitta (σπανακόπιττα): Spinatpastete
stifádo (στιφάδο): geschmortes Rindfleisch mit Zwiebelgemüse
sudsukákja (σουτζουκάκια): Hackfleischwürstchen in Soße
súpa awgolémono (σούπα αυγολέμονο): Brühe mit Reis, Eiern und Zitrone
suwlákja (σουβλάκια): Schweinefleischspießchen

T

taramosaláta (ταραμοσαλάτα): Fischrogenpüree
timokatálogos (τιμοκατάλογος): Speisekarte
tirjá (τυριά): Käse
tirópitta (τυρόπιττα): Käsepastete
tónnos (τόννος): Thunfisch
tsai (τσάι): Tee

X

xídi (ξύδι): Essig
xifías (ξιφίας): Schwertfisch

Orts- und Sachregister

Wichtige Informationen

Hier finden Sie die in diesem Band beschriebenen Orte und Auflugsziele. Außerdem enthält das Register wichtige Personen, Stichworte sowie alle Tips dieses Reiseführers. Wird ein Begriff mehrfach aufgeführt, verweist die **fett** gedruckte Zahl auf die Hauptnennung. Die Buchstaben-Zahlen-Kombinationen verweisen auf die Karten.

A

Agía Apóstoli (Chios) 49
Agía Fotíni (Chios) 47
Agía Iríni (Chios) 92
Agía Iríni (Strand, Chios) 30; D4/D5
Agía Markéla (Chios) 33, **42**; C3
Agía Pelagía (Karlovássi) 74
Agía Zóni Kloster (Samos) 90, 104; f1
Agíassos (Lesbos) **66**, 97, 98, 100; L4
Ágii Patéres (Chios) 95
Ágio Gála (Chios) 42
Ágios Andreas (Eressós) 56
Ágios Fokás (Vaterá) 71
Ágios Giorgis (Chios) 95
Ágios Issídoros (Lesbos) **67**, 100
Ágios Márkos (Chios) 42; E4
Ágios Nikólaos (Karlovássi) 74
Ágios Zoodóchos Pigí Kloster (Samos) **90**, 104; f1
Agrotouristische Frauenkooperative (Pétra) 58
Akropolis (Eressós) 56
Amaní-Gebirge (Chios) 42
Ambeliko (Lesbos) 100
Ampelós (Samos) 91
Anávatos (Chios) **42**, 92, 94; D3/D4

Ánaxos (Lesbos) 53; I2
Ankunft 12
Áno Stavros (Lesbos) 100
Anreise 12
Antikes Theater (Mytilíni) 63
Ántissa (Lesbos) **53**, 60, 97; H3
Aquädukt (Mória) 67
Archäologisches Museum (Chóra) 40
Archäologisches Museum (Molyvos) 53
Archäologisches Museum (Mytilíni) 62, **64**
Archäologisches Museum (Pythagório) 84
Archäologisches Museum (Vathy) 87
Archeá Ántissa (Lesbos) 54; H2
Archontikó Vareltsídainas (Pétra) 59
Armólia (Chios) **46**, 92; D5/E5
Autofahren 14
Autorundfahrt (Chios) 92
Autorundfahrt (Lesbos) 96
Autorundfahrten (Samos) 102, 104
Avgónyma (Chios) **42**, 92; D3/D4

B

Basilika (Eressós) 56
Bergdörfer (Samos) 77; b1/b2
Bootstour (Lesbos) 101
Bootstour (Samos) 105
Buchten der Robben (Samos) 77; a1/b1
Byzantinisches Museum (Chóra) 40
Byzantinisches Museum (Mytilíni) 62, **64**
Byzantinisches Museum (Vathy) 88
Byzantinisches Museum am Vounáki-Platz (Chóra) 40

C

Camping 17
CAVA (Samos) 76
Chios 6, 7, 12, **34**
Chóra (Chios) 7, **36**, 92, 95
Chóra (Samos) 85
Chrissí Ámos (Samos, Tip) 78; b2

D

Daskalópetra (Chios) 92
Dionysos-Tempel (Vaterá) 71
Drakeí (Samos) 102, 105

E

Eftaloú (Lesbos) **54**, 59, 101; I1
Einkaufen 22
Emporiós (Chios) 46; D6
Eressós (Lesbos) 54; G4
Eßdolmetscher 122
Essen und Trinken 18
Eupalinos-Tunnel (Pythagório) 81
Evangelístrias-Kloster (Voutsalakía) 78, **106**

F

Fähre 12
Fahrräder 15
Fahrradtour (Lesbos) 98
Faneroméni (Sígri) 60
Fest der Markéla (Chios, Tip) 43; C3
Feste 32
Fischtavernen (Langáda, Tip) 21; E3
Flughafen 12, 13
Flugverbindungen 12

G

Genuesische Festung (Mytilíni) 63
Geórgios Sikoússis (Chios) 92
Geschichte 116
Getränke 18, 20
Gióssonas (Chios) 43
Giustiniani-Turm (Chóra) 39

ORTS- UND SACHREGISTER

Goldschmuck (Vathy, Tip) 23
Golf von Géras (Lesbos) 67
Golf von Kalloní (Lesbos) 70
Golf von Marathokámpos (Samos) 77; b2

H
Heraion (Pythagório) 81
Hotels 16

I
Idríma (Lesbos) 100
Inoússes (Chios) 43
Inselprodukte 23

K
Kaiki-Ausflug (Tip) 31
Kallithéa (Samos) 102
Kalloní (Lesbos) 56; I3
Kambiá (Chios) 42; D2
Kámpos (Chios) 47; E4
Kámpos (Samos) 78; b2
Kámpos-Ebene (Chios) 42
Kápi (Lesbos) 59
Kardámyla (Chios) 43, 92; E2
Karfás (Chios) 47; E4
Karfás (Strand, Chios) 30; E4
Karlovássi (Samos) 9, 10, **73**, 102, 105; b1
Kastanéa (Samos) 77, 102
Kastell (Mytilíni) 62, 63
Kástro (Chóra) 39
Kástro (Lesbos) 53
Katarráktis (Chios) 47
Káto Stavros (Lesbos) 100
Kérkis (Samos) 102, 106
Kinder 25
Klima 11
Klostermuseum (Moní Limónos) 57
Kokkári (Samos) **90**, 107; d1
Kokkári (Strand, Samos) 31; d1
Koráis-Bibliothek (Chóra) 39, **40**

Kosmadeí (Samos) **77**, 102
Koumaradeí (Samos) 85

L
Langáda (Chios) **43**, 92; E3
Léka (Samos) **77**, 102
Lemonákia (Samos) 90
Lepétimnos (Lesbos) 8, **59**, 67; I2/K2
Lesbos 6, 8, **50**
Lesetip 9
Liménas (Chios) **48**, 92; D5
Limniá (Chios) **45**, 92
Limnos (Chios) **45**, 92
Limónos (Lesbos) 97
Logothétis-Burg (Pythagório) 82

M
Mandamádos (Lesbos) **57**, 96; K2
Manolátes (Samos) 91, 107; d1
Marathokámpos (Samos) **79**, 102, b2
Marathóvounos (Chios) 92
Markos' Place (Hotel, Karfás, Tip) 17; E4
Markt 24
Mármaro (Chios) **43**, 92; E2
Mastichochoría (Chios) 46
Mastix 23, 35, 46
Mávra Vólia (Chios) 46
Mávra Vólia (Strand, Chios) 30; D6
Megális Panagías (Samos) 85; d2
Megalochóri (Lesbos) 68, 100
Méga Seitaní (Samos) **77**, 105; a1/b1
Mégas Limiónas (Chios) 47
Mersinídiou-Kloster (Chios) **44**, 92; E3
Mestá (Chios) **48**, 92; D5
Metamorfósis-Kirche (Pythagório) 82

Mikró (Samos) **77**; a1/b1
Mistegná (Lesbos) 96
Mithymna (Lesbos) 51
Mitropolis (Karlovássi) 74
Molyvos (Lesbos) 8, 15, **51**, 59, 97, 101; I1
Molyvos (Strand, Lesbos) 31; I2
Moní Limónos (Lesbos) 57; I3
Moní Myrsiniótissas (Lesbos) 57; I3
Moní Perivolís (Lesbos) 58; H3
Mopeds 15
Mória (Lesbos) **67**, 96; M4
Mountainbiking 30
Museum für Moderne Kunst (Varía) 70
Myrsiniótissas (Lesbos) 97
Mytilíni (Lesbos) 8, 9, 13, 15, **61**, 67, 96, 97; M4
Mytilíni (Samos) 85; d2

N
Nachtigallental (Samos) **91**, 107, d1
Nágos (Chios) 43
Nágos (Strand, Chios) 30; E2
Néa Moní (Chios) **44**, 92, 94; E4
Nikoloúdes (Samos) **77**, 102; b1/b2
Nissiópi 60

O
Öffentliche Verkehrsmittel 14
Olympi (Chios) **48**, 92; D5
Olympos (Lesbos) 8, 27, 68, **67**, 98, 99; K5
Ordimnos (Lesbos) 53
Órmos Marathokámpos (Samos) 10, **79**, b2
Ouzéri O Pharos (Mytilíni, Tip) 65
Ouzobrennerei (Plomári) 68

ORTS- UND SACHREGISTER

P
Paläontologisches Museum (Mytilíni, Samos) 85
Paleokástro (Samos) 104
Paliós (Lesbos) 97
Panagía (Agíassos) 66
Panagía Agiourgalóssena (Ágio Gála) 42
Panagía Kriftí (Vaterá) 70
Panagía Krína (Chios) 48; E4
Pantoukiós (Chios) 44; E3
Pelinéo (Chios) 42
Pelópi (Lesbos) 59
Pétra (Lesbos) 51, **58**, 97; I2
Pinakothek (Molyvos) 53
Platanakía (Samos) 107
Plomári (Lesbos) **67**, 97, 99, 100; L6
Plomári (Strand, Lesbos) 31; L6
Polichnítos (Lesbos) 69; I4/I5
Porta Maggiore (Chóra) 39
Posidónio (Samos, Tip) **89**, 91; f2
Potámi (Strand, Samos) **31**, 105, b1
Preisklassen (Hotels) 17
Preisklassen (Restaurants) 21
Psillí Ámos (Samos, Tip) 78; b2
Psillí Ámos 1 (Strand, Samos) 31; f2
Psillí Ámos 2 (Strand, Samos) 31; b2
Pyrgí (Chios) 49; D5
Pyrgí (Samos) 10
Pyrgís Thermí (Lesbos) 69, 96; L3/M4
Pythagório (Samos) 13, **80**; e2

R
Reiten 30
Robben (Samos) 77
Römische Thermen (Pythagório) 82
Routen 92, 94, 96, 98, 99, 101, 102, 104, 105

S
Samiopoúla (Tip) 78, **84**, c3
Samos 6, 9, 15, **72**
Samos-Stadt 86; e1
Schiffsverbindungen 12
Sequoia-Bäume (Lesbos) 60
Sidiroúnda (Strand, Chios) 31; D3
Sígri (Lesbos) 60; G3
Skála Eressoú (Lesbos) **54**, 97; G4
Skála Kallonís (Lesbos) **56**, 97; I3
Skála Kallonís (Strand, Lesbos) 31; I3
Skála Polichnítou (Lesbos) 69
Skála Sykaminías (Lesbos, Tip) **55**, 59, 97, 101; K1
Skópelos (Lesbos) 27, **69**, 97; L5
Skoutáros (Lesbos) 97
Spilianís-Kloster (Pythagório) 82
Sport 28
Sprachführer 118
Stierfest (Lesbos, Tip) 33; K2
Stípsi (Lesbos) 59
Strände 28, **30**
Surfkurs für Kinder (Skála Kallonís) 27

T
Tárti (Lesbos) 97
Tauchen 30
Taverna Hotzas (Restaurant, Chóra, Tip) 39
Taverna Posidónio, Restaurant (Posidónio, Tip) 89
Taxis 12
Taxiárchis-Kirche (Mandamádos) 57
Tennis 30
Tériade-Museum (Varía) 70
Teufelsbuchten (Samos) 105
Theófilos-Museum (Mytilíni) 64

Thermalquelle (Eftaloú) 59
Thermí (Lesbos) 69; L3/M4
Timíou Stávrou Kloster (Samos) 85; 12
Touren 92, 94, 96, 98, 99, 101, 102, 104, 105
Tourismus 10, 114
Tris Mílis (Chios) 45; E3/E4
Tsamadoú (Samos) 90

U
Unterkünfte 16

V
Valeondádes (Samos) **91**, 107; d1
Varía (Lesbos) 70; M4
Vaterá (Lesbos) **70**, 98, 99; I5
Vaterá (Strand, Lesbos) 31; I5
Vathy (Samos) 13, **86**, 104; e1
Versteinerter Wald (Sígri) 60; G3
Volissós (Chios) **45**, 92; D2/D3
Volkskunstmuseum (Mytilíni) 65
Voúrkos (Lesbos) 99
Vourliótes (Samos) **91**, 107; d1
Voutsalakía (Samos) **78**, 106; b2
Vrondádos (Chios) 45; E3

W
Wallfahrtskirche (Pétra) 59
Wanderung (Chios) 94
Wanderungen (Lesbos) 99, 101
Wanderungen (Samos) 105, 106, 107
Wassersport (Skála Kallonís, Tip) 56
Wassersport 30
Wein (Samos) 76
Weine 20

IMPRESSUM

Liebe Leserinnen und Leser,

wir freuen uns, Ihre Meinung zu diesem Reiseführer zu erfahren. Bitte schreiben Sie uns, wenn Sie Berichtigungen und Ergänzungsvorschläge haben oder wenn Ihnen etwas besonders gut gefällt:

Gräfe und Unzer Verlag, Reiseredaktion, Postfach 86 03 66, 81630 München, Grillparzerstraße 12, 81675 München

Alle Angaben in diesem Reiseführer sind gewissenhaft geprüft. Preise, Öffnungszeiten usw. können sich aber schnell ändern. Für eventuelle Fehler übernimmt der Verlag keine Haftung.

1. Auflage 1999
© Gräfe und Unzer Verlag GmbH, München

Alle Rechte vorbehalten. Nachdruck, auch auszugsweise, sowie Verbreitung durch Film, Funk und Fernsehen, durch fotomechanische Wiedergabe, Tonträger und Datenverarbeitungssysteme jeglicher Art nur mit schriftlicher Genehmigung des Verlages.

Redaktion: Christa Botar
Kartenredaktion: Reinhard Piontkowski

Gestaltung: Ludwig Kaiser
Umschlagfoto: U. Haafke, Tempel von Segosta
Karten: Kartographie Huber
Produktion: Helmut Giersberg, Claudia Zobel
Layout: Andrea Umberto
Druck und Bindung: Appl, Wemding
ISBN 3-7742-0637-6

Alle Fotos von J. Meier außer:
J. Chwaszcza 7, 8, 10, 32, 38, 80, 85
G. Jung 109
T. Stankiewicz 25, 99

Dieses Buch wurde auf chlorfrei gebleichtem Papier gedruckt.